东莞市博物馆丛书

杨晓东 主编

东莞市博物馆藏近现代文物

文物出版社

图书在版编目（CIP）数据

东莞市博物馆藏近现代文物 / 杨晓东主编. —— 北京：
文物出版社，2015.12
ISBN 978-7-5010-4521-1
Ⅰ. ①东… Ⅱ. ①杨… Ⅲ. ①博物馆 – 历史文物 – 介
绍 – 东莞市 – 近现代 Ⅳ. ①K872.653
中国版本图书馆CIP数据核字(2015)第321152号

东莞市博物馆藏近现代文物

主　　编：杨晓东

责任编辑：李　红

责任印制：陈　杰

责任校对：安艳娇

装帧设计：雅昌设计中心·北京·田之友

出版发行：文物出版社

地　　址：北京市东直门内北小街2号楼

邮　　编：100007

网　　址：www.wenwu.com

邮　　箱：web@wenwu.com

经　　销：新华书店

印　　刷：北京雅昌艺术印刷有限公司

开　　本：889×1194　1/16

印　　张：13

版　　次：2015年12月第1版

印　　次：2015年12月第1次印刷

书　　号：ISBN 978-7-5010-4521-1

定　　价：260.00元

目 录

总　序

　　罗丹曾言："世界并不缺乏美，只是缺少发现美的眼睛"。

　　东莞，一座创造了并继续创造着经济和社会发展奇迹的城市。在这个面积不过2，465 平方公里的"弹丸"之地，在短短的 30 年间，历史巨变呈现了从贫穷到富庶的巨大反差，以至于许多人相信，东莞的今日，不过是历史的一个意外。

　　然而，欲理解一座城市的今生，就必须读懂她的前世。事实上，东莞历史悠久，文脉绵长。在经济的外表下，她有着穿越时空的人文魅力。虎门销烟，那缕融会历史悲凉与豪迈的硝烟弥漫延续至今。从近代再往前追溯，纵观各历史时期，东莞先哲乡贤在广东乃至国内外都产生了广泛的影响，他们的皇皇著述、仕履政声，为莞邑积淀了厚重的文化底蕴，他们的精神风范为中华民族增色添辉。尤其在明一代，人才之盛可用"群星灿烂"来形容，难怪理学名臣丘濬在为东莞县所写的《重建儒学记》一文中要感叹：岭南人才最盛之处，前代首称曲江，在今世则皆以为无逾东莞者。盖入皇朝以来，逾百年于兹，领海人士，列官中朝长贰台省者，无几何人，而东莞一邑，独居其多。

　　因此，东莞并非一些人所说的"文化沙漠"，而是人们没有意识到历史面纱掩饰下不断继承和成长的"绿洲"。在精彩纷呈的历史和现实面前，或许因为在经济与人文之间增量的侧重太过明显，议论一直存在。东莞在这一方面，继续广东那种讷于言而敏于行的姿态，做了再说。以至于在过往的历史变迁中，曾经"得风气之先"的东莞，涌现出的是人们对它的陌生和惊异，乃至种种争议。所以，解读和阐析东莞背后的人文根脉，需要有一种"发现"的精神和素养，需要挖掘隐藏在堆积如山的典籍及器物中的历史精髓。对于文物工作者而言，责无旁贷。

　　东莞市博物馆的前身是创建于 1929 年、竣工于 1931 年的东莞博物图书馆，与有着 80 年历史的老馆——广州博物馆同为我国早期创建的博物馆。作为东莞市唯一的综合性博物馆，担负着当地文物收藏、保护、研究、宣传和教育职能，是博物馆之城建设中藏品托管与保护基地。80 年也许并不算长，但在这段时间里，通过历年的考古发掘和文物征集，东莞市博物馆积累了较丰富的馆藏文物，其中不乏精品。更重要的是，这些珍贵的文物，大多都是东莞文明与历史传统的见证物。

我们欣喜地看到，东莞市博物馆以馆藏文物为依托，结合研究课题，编辑出版《东莞市博物馆丛书》。这套丛书，旨在记录千年莞邑的发展历史，挖掘她不为人所熟知的人文魅力，让东莞的现代文明在这份底蕴深厚的文化遗产的孕育下，焕发出勃勃生机。

编辑《丛书》是一项以弘扬东莞传统历史文化为宗旨的长期的文化建设工程。东莞市博物馆在深入研究的基础上，拟推出"馆藏系列"、"地方史论"、"考古研究"、"陈列展示"等类别。从 2009 年开始，"馆藏系列"已陆续推出"碑刻"、"玉器"、"陶瓷"等专集。《丛书》以学术性、资料性和可读性相结合为特色，兼顾地方特点，体例科学，方法创新，文质兼美。同时，也希望《丛书》的出版能够在全省的文物工作中起到一定的引领推动作用。

历史的背影虽然已经远去，但其气息并未消散。我们希望《东莞市博物馆丛书》能够依稀勾勒出这座城市的历史轮廓，能够轻轻地提醒人们放慢脚步，去了解自己所在的城市，同时也能穿过浮华的表象，感悟她厚重的历史文化底蕴。

原广东省文物局局长 苏桂芬

前　言

　　近现代东莞，是东莞历史长河中最波澜壮阔、发人深省的一页。近代，她是西方殖民主义者入侵中国的首站，成为中国人民抵抗外国侵略的最前线；现代，她从贫困落后的一隅，飞跃成为建设有中国特色社会主义的"经济特区"，创造出前无古人的伟大业绩，涤荡了历史的重负和耻辱。在这段风云变幻的历史当中，东莞留下了许多文献和文物资料，这些近现代文物弥足珍贵。

　　东莞市博物馆历来重视历史研究和反映近现代历史史实的文物收藏。经过长期征集、积累，接受社会捐赠，举凡能够反映东莞近现代历史的政治、经济、文化、教育的显著动向，中西文化的交汇，东莞著名历史人物活动的相关文物文献，均有涉及。目前，我馆馆藏近现代文物共有1062件（套），其中晚清43件，民国307件，大革命时期27件，抗日战争时期313件，解放战争时期176件，新中国成立初期196件。按文物质地统计，纸质765件，铁134件，铜31件，木13件，皮15件，布52件，其他质地52件。这些文物中，主要为民国时期的期刊、书籍和报纸等纸质文物，其次为民国时期的纪念章，华侨文物，抗战文物，解放战争文物以及新中国成立初期文物等。

　　这些文物文献作为一种载体，对于印证近现代历史、反映东莞社会变迁具有特殊的地位和意义。

　　首先，它具有较高的研究价值。近现代文物是研究近现代史重要的实物资料。以馆藏华侨文物中的"侨批"为例，东莞是著名的侨乡，当时海外侨胞捎回家乡的款项和家信，主要是经由"水客"、"客头"及海内外的侨批馆递送。清末有专门从事该业的行郊，叫做"批郊"，民国以后，这类银信才改称为"侨批"。侨批是华侨移民史、创业史及广大侨胞对所在国和祖国经济社会发展所作贡献的历史见证，有着深刻文化内涵和较高的研究价值。又如馆藏的抗战和解放战争时期战争亲历者留下的手稿、日记真实记录了战争时期的艰苦转战、所见所闻和思想状况。抗战中使用过的草鞋、皮带、炊具、被服及医药用品等文物则是根据地艰苦抗战的物证。将这些文物资料加以系统整理，进行认真考证和研究，不管是作为史料、研究出版书籍，或是作为档案保存资料，对于今人和后人浏览、查阅、了解这段波澜壮阔的历史画卷，都是大有裨益的。

其次，它具有展示和宣传教育作用。近现代文物凝聚着一个民族、时代特有的精神，因此也是我们举办展览不可缺少的展品。以"铭记血与火的历史——纪念东莞抗战胜利 70 周年文物图片展"为例，整个展览共展出抗战时期各种文物 89 件，我们通过实物和图片，生动再现了东莞军民为保卫东莞与日军作战的场景，彻底揭露了日军在东莞犯下的滔天罪行，为观众参观学习，了解这段历史提供了直观的、丰富切实的史料，从而教育人们牢记历史，不忘国耻。

文物是物化的历史，是历史的见证和反映。我们对近现代文物的征集、整理和研究，是希望能抛砖引玉，引起人们对近现代文物的关注和保护。这些形象直观的历史遗物，对于今天的我们最大的意义已不仅仅是收藏记忆，而是留给我们面对瞬息万变的现代社会，促发我们对于现代经济、精神和政治文明的深层思考，推动我们社会的全面进步。

上编·图版

[壹] 晚清地契

　　东莞市博物馆所藏晚清文物主要为地契。地契是契约文书的一种，作为土地买卖凭证和当时历史珍贵的第一手资料，具有较高的史料价值。这批契约保存较好，部分有残缺和轻微虫蛀，印章和墨笔字迹清晰可辨。

　　馆藏地契每一份字数虽然不多，蕴含的信息却十分丰富，从中不仅可以看到晚清东莞传统的人情、道德、民风、习俗等，更可以了解到当时百姓的生活方式、物价水平等。它们是当时社会经济、政治、文化发展状况的缩影。

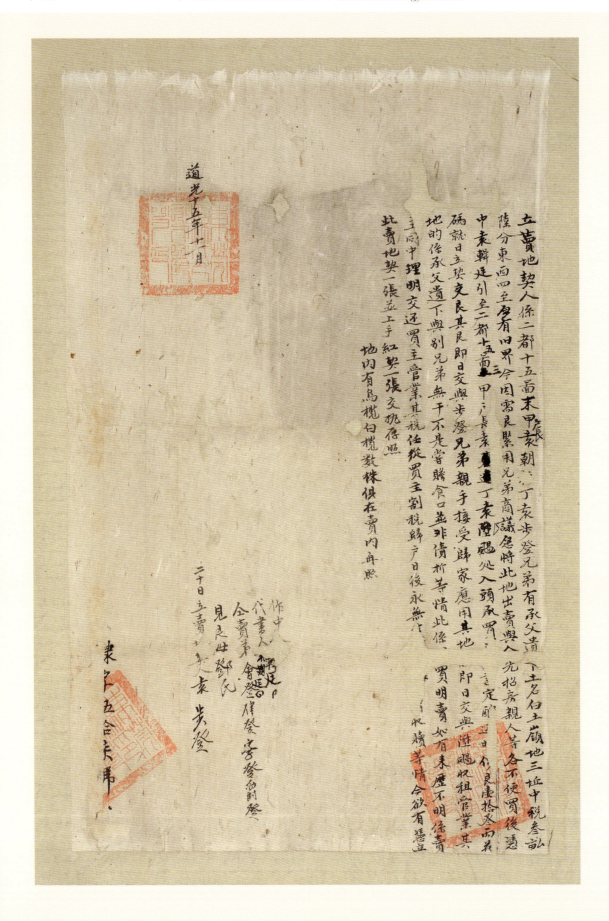

001

道光十五年袁步登断卖地契

纵 49 厘米，横 49 厘米

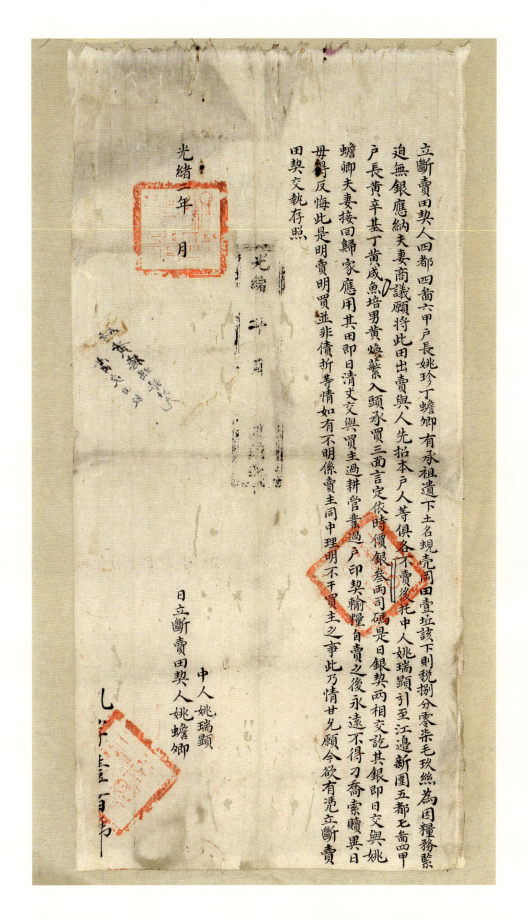

立斷賣田契人四都四畲六甲戶長姚珍丁蟾卿有承祖遺下土名規売周田壹坵該下則稅捌分零柒毛玖絲為因糧務緊

迫無銀應納夫妻商議願將此田出賣與人先招本戶人等俱各不賣後托中人姚瑞顯引至江邊新圍五都毛畲四甲

戶長黃辛基丁黃歲魚培男黃煥蘩入頭承買三面言定依時價銀叁兩碼是日銀契兩相交訖其銀即日交與姚

蟾卿夫妻接回歸家應用其田即日清丈交與買主過耕營業過戶印契翰糧自賣之後永遠不得刁喬索贖異日

毋得反悔此是明賣並非債折等情如有不明係賣主同中理明不干買主之事此乃情甘先願今欲有憑立斷賣

田契交執存照

光緒二年　　月

日立斷賣田契人姚蟾卿

中人姚瑞顯

002

光绪二年姚蟾卿断卖田契

纵 54 厘米，横 27 厘米

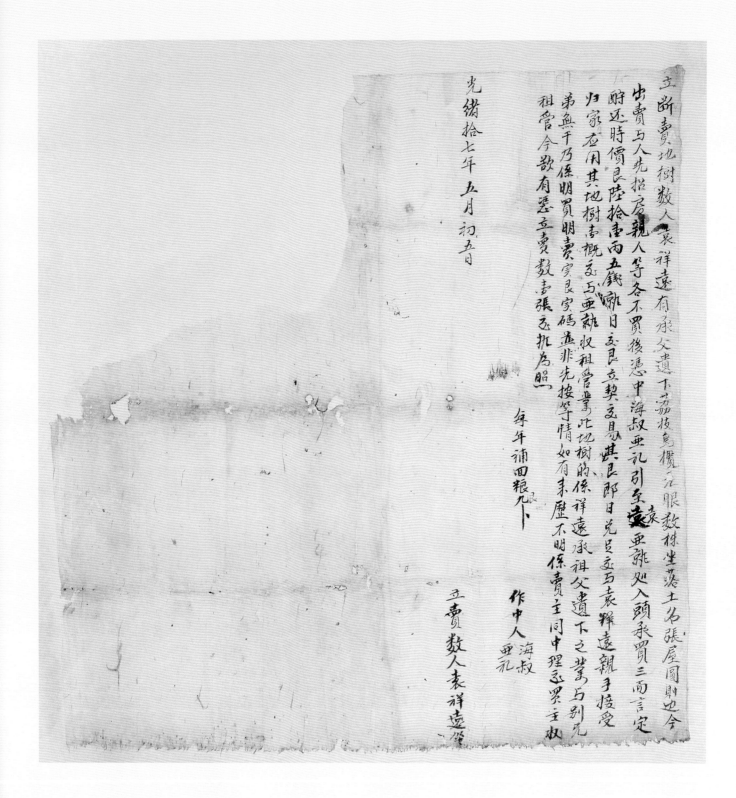

003

光绪十七年袁祥远断卖果树契

纵 55 厘米，横 48 厘米

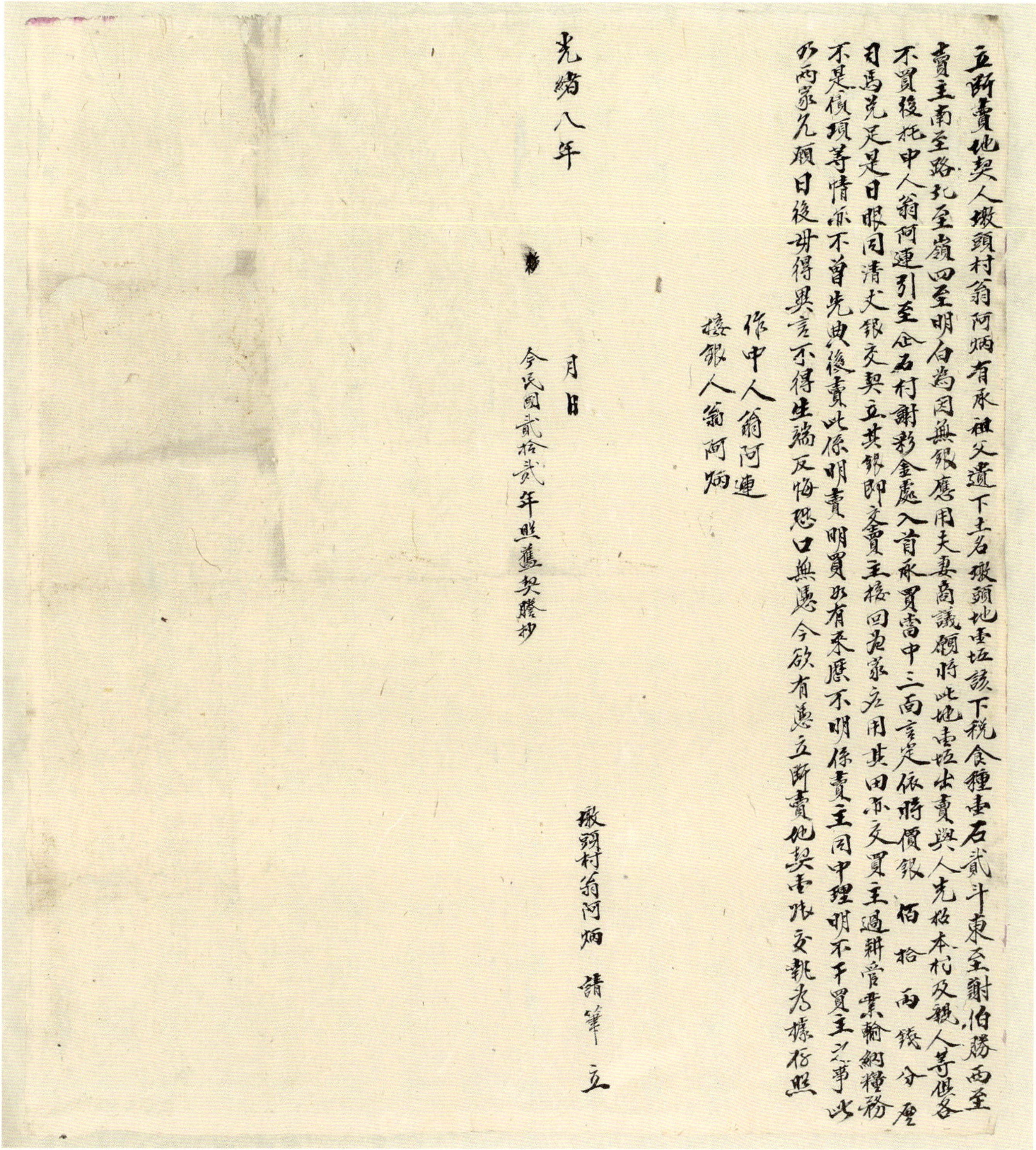

立断卖地契人墩头村翁阿炳有承祖父遗下土名墩头地壹坵该下税食种壹石贰斗东至尉伯胜西至
壹卖主南至路北至岭四至明白为同无级应用夫妻商议愿将此地壹坵出卖与人先找本村及亲人等俱各
不买後托中人翁阿连引至企石村谢彩金处入首承买当中三面言定依将价银佰拾两钱分厘
习为光足足日眼同清丈银交契立其银即交卖主接回兜家立用其田亦交买主过耕管票输纳粮务
不是伙项等情亦不曾先典後卖此係明买此有来历不明保卖主一同中理明坦不干买主之事此
乃两家允愿日後毋得异言不得生端反悔恐口无凭今欲有凭立断卖地契壹纸交执为据存照

今民国贰拾贰年照旧契誊抄

光绪八年

月 日

作中人翁阿连
撳银人翁阿炳

墩头村翁阿炳 请笔 立

立賣秧地契人四都五圖七甲戶長吳明遠戶丁吳宅昌今有自置土名平塱秧地
坐址食種六升六合五勺東至路西至鄰明南至亞燦北至觀有四至明勻今因無
銀緊用愿將此秧地出賣先托親人等俱各不買後托中人引至本都本
圖七甲戶長吳明遠戶丁吳振聲入頭承買三面言定依時價銀　兩　錢　分
厄郎日眼同清訖銀契兩相交訖其銀賣主接囬自家應用其秧地郎日交
買主管業輸糧過耕此是明賣明買不是先典後賣折債等情如有未歷
不明係賣主同中理明不干買主之事此係兩家先愿日後不得生端反悔恐
口無憑立此賣契壹張交執存炤

作中人李進德

同治九年　二　月　十　五　日　立賣秧地契人吳宅昌筆

立斷賣秧地契人吳振聲先年買自宅昌因要嚴緊用今將租地批賣
馮中人吳勝興當言定依時價銀兩　　就
郎游工手契約日銀郎交賣主接受為身任由買主插新其秧地管業收
割輸糧明賣明買不是先典後賣亦不見揦折債等情如有未歷不明自
人理明不干買主之事今立上手屋賣契交執均據

作中人吳勝興
　　　　　立賣契人吳振聲筆

光緒十一年　五月初三日

立賣屋地契人土橋李稔田承祖父遺下有屋地壹間坐落土名麻地頭坐東南向西北左挨買王右挨大東

前挨墈後挨塑辰前後滴水為界墈路通行為恩無銀應用夫妻商議願將此屋地出賣與人先招

房親人等俱各不買後托中人引至本鄉李□□□□嘉賣人首承買三面言定依時價銀叁弍毫五可礁中

費在外就日銀契兩相交訖明白弍係二家允應明賣明買不見先当後賣亦不是債貨弍勒等

情如未歷不明係賣主同中理明不干買二主之事日後不得生端反悔恐口無憑立契存照菜園在內

親手接銀人李稔田　　　　　作中人李步青　　代筆人以貞

光緒 拾 六 年 七 月 初 弍 日 立

光绪十六年李稔田断卖屋契

纵 54 厘米，横 37 厘米

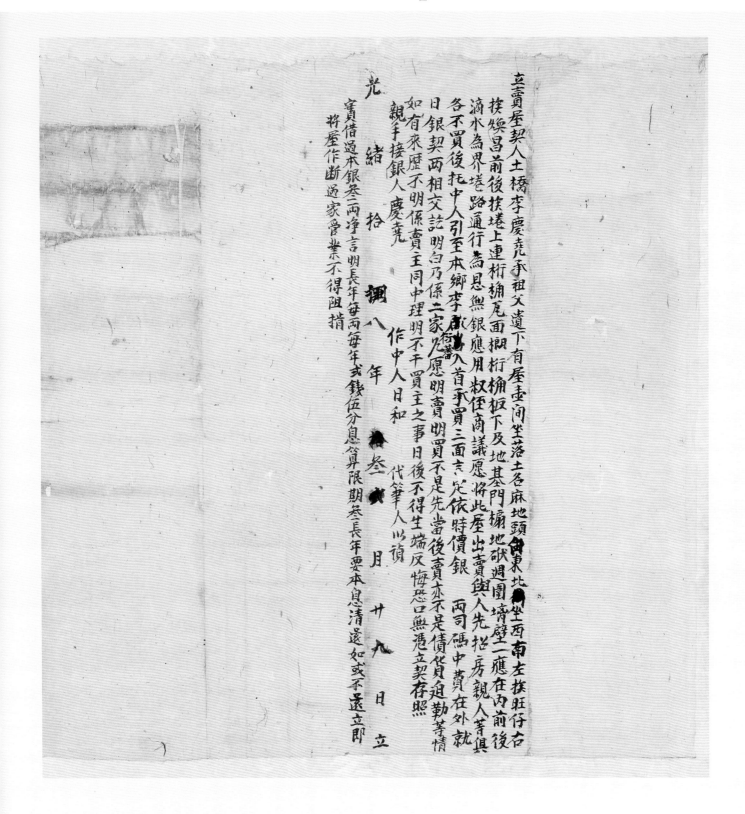

立賣屋契人土橋李慶堯承祖父遺下有屋壹間坐落土名麻地頭坐東北□坐西南左挨旺仔右
挨煥昌前後挨塝上連桁桷尾面欄桁桷枋下及地基門榻地硃週圍墻壁一應在內前後
滴水為界塝路通行為恩無銀應用枚任商議愿將此屋出賣與人先挨房親人等其
各不買後托中人引至本鄉李□□□入首承買三面言定依時價銀　　　　兩同碼中賣在外就
日銀契兩相交訖明白乃係二家允愿賣明買不是先當後賣亦不是債貨逼勒等情
如有來歷不明係賣主一力承當理明不干買主之事日後不得生端反悔恐口無憑立契存照
親手接銀人　慶堯　　　　　　作中人日和　　代筆人以謨

光緒　拾　　調八年　　叁　　月　廿九日立

賣借過本銀叁兩淨言明長年每兩每年式錢伍分息算限期叁長年要本息清還如或不還立郎
將屋作斷遞家營業不得阻撟

007
光绪十八年李庆尧断卖房契
纵51厘米，横48厘米

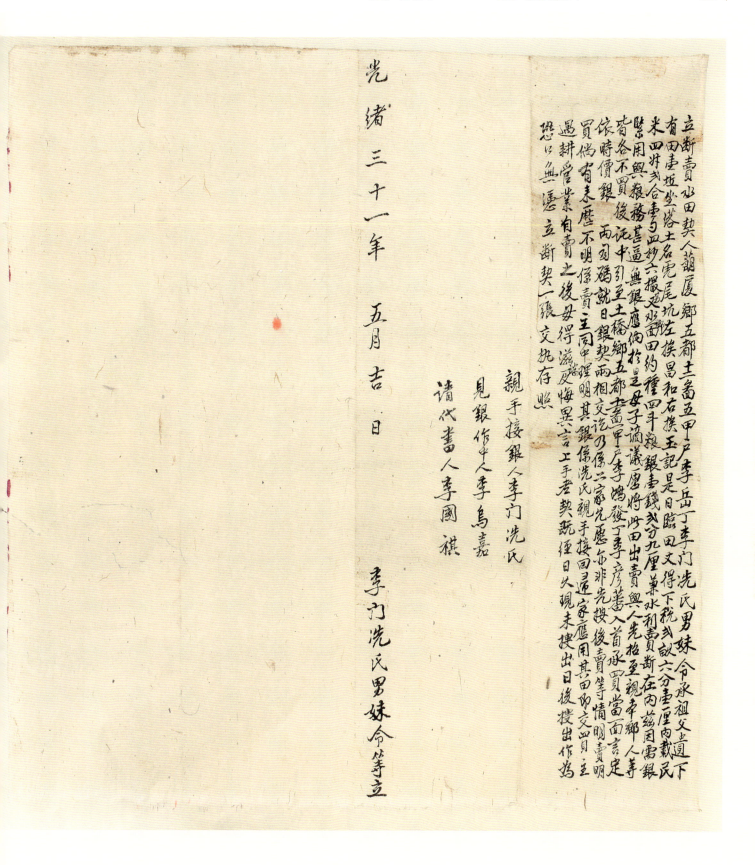

立断卖水田契人鹬厦乡五都土番五甲户李门洗氏男妹令承祖父遗下
有田壹坵坐落土名鼋尾坑左挨昌和右挨玉记是日临田文得下税弍斗敌六分壹厘内载民
米四升弍合零与田抄六撮及水面田约种四斗粮兼水利壹断在内兹因需银
紧用与粮务甚逼自无银应俐于是母子谪议愿将此田出卖与人先招至亲本户乡人等
皆各不买后诉中引至土桥乡五都番一甲户李彦蕃入首承当面言定
依时价银两□碍就日银契两相交讫乃係李家兄应尔非先投归家应用
买偶有未歷不明保係洗氏亲手接回遇家应用其田即交业即卖主
遇耕管业自卖之后母得滋反悔異言工手卖契既经日火现未搜出日後搜出作為
恐口无凭立断契一张交执存照

光绪三十一年五月吉日

亲手接银人李门洗氏

见银作中人李乌嘉

请代书人李国祺

李门洗氏男妹令等立

008
光绪三十一年洗男妹断卖水田契
纵 54 厘米，横 51 厘米

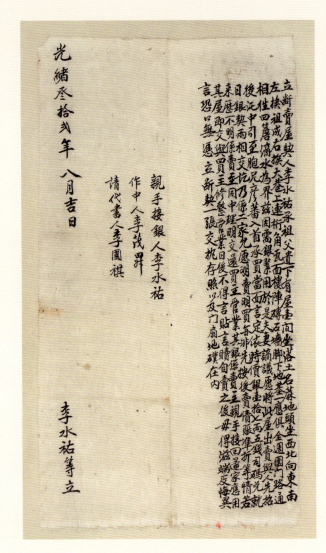

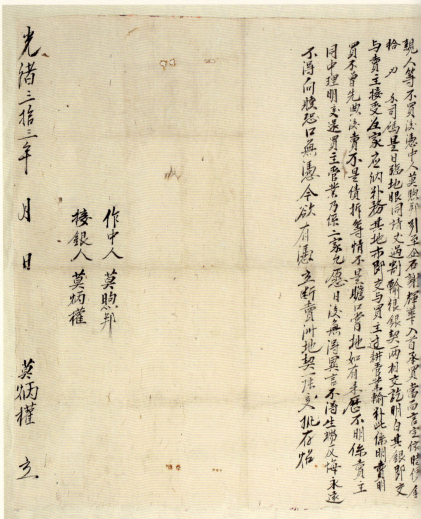

009

光绪三十二年李水祐断卖屋契

纵 56 厘米，横 30 厘米

010

光绪三十三年莫炳权断卖地契

纵 55 厘米，横 51 厘米

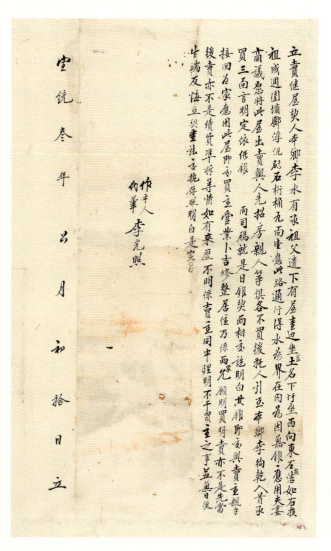

立賣繼屋契人本鄉李水有欲將祖父遺下有屋壹連坐主名下竹坐西向東石塔如右挨
祖屋迴圍墻鄰浮沉磗石桶瓦面壹應此路通行浮水為界在內為因燕銀應用夫妻
商議愿將此屋出賣與人先招房親人等俱各不買後托人引至本鄉李狗乾入首承
買三面言明定依低銀
　兩司碼就是日銀契兩相交訖明白其銀即交親手
接回在家應用此屋即而買主管業卜吉修整居住任從两兝
後賣亦不是債賣準折等情如有來歷不明係賣主之事蓋晉後
生端友海立契畫押李挑存照明白是實

作中人代筆　李光照

宣統叁年六月初拾日立

立斷賣房屋契人全家連開連進劉氏為貴為因要銀緊用兄弟房親商議將承
祖父遺下坐此甲油榨巷內屋壹間坐西向東坐位左至阿全屋右至阿旺厦間前
至阿實等四至明白天井廳堂四面高壁上連尾蓋一連地基浮沉磚石門檻橺
板木料一切在低內今將此屋出賣與人先招至親人等各名稱銀不便後愚中人鍾
氏阿敬盧氏至域引至本甲袁沛如處人頭承買三面言明時低銀玖拾兩含淨妙碼
就日立契交易其銀即日交兩連劉氏為貴親手接受五家庭用其屋六卽
日交並非別業等情明白賣如有來歷不明要賣主
全中理明六人遠買主管業井全食路全行永遠不浮收贖此二家先愁含淨
異言生端反悔今欲有憑立斷賣屋契一張交挑存照
此座係先年承祖父遺下之業並無上手數交挑明白日後守出是為枯帘執照

作中人　盧氏王威 [押]
　　　　鍾氏阿敬 [押]

全接銀釗氏為貴 [押]

立斷賣房屋契人袁開進 [押]　筆

光緒叁十叁年七月廿九日

立斷賣廿地契人遠連四都四圖十甲戶長　契紅德戶丁莫四兩權有承祖父遺下土名

011
光绪三十三年袁连开断卖房屋契
纵51厘米，横52厘米

012
宣统三年李水有断卖屋契
纵56厘米，横52厘米

[贰] 民国文物

民国初年，东莞成为军阀混战的场所，各路军阀为筹粮派款，横征暴敛，搞得民不聊生。东莞社会经济遭受重大冲击，莞城、石龙等重要商业区的状况更是一落千丈。1924年3月11日的《广州民国日报》曾描述当时石龙的景象："自军兴以来，惠博及四乡交通梗塞，货物断绝。一般商店莫不受大影响，生意十减八、九。货物奇昂……其他如谷米、绸缎、土布庄口等，至今尚未开门营业者，仍所在甚多……"

1926年至1936年间，陈济棠主粤，在此期间，东莞偏安，战乱较少，社会经济得到很大程度恢复和发展，稻谷产量达到历史最高水平，制糖、纺织业等发展迅速，被称为民国时期的"黄金时代"。

民国时期的东莞还发生过诸多有重大变革意义的事件。如1912年，中国同盟会东莞分部成立；1923年2月，孙中山以大元帅的名义，亲自督军讨伐陈炯明，大本营曾设在东莞石龙；1924年12月，中共东莞第一个支部成立；1925年5月，东莞县农民协会成立……这些具有重大变革意义的历史事件，记录着东莞发展的历程，而东莞市博物馆所藏的民国时期文物，则是这段历史的有力见证。

广九铁路 1898 年，英国开始向清政府提出广九（广州至香港九龙）铁路的修筑计划，以方便英国将货物和人员运往内地市场。1907 年，清政府借款修筑广九铁路，东莞石龙南桥列入工程计划，由英国铁路公司负责建造，总工程师由英国人担任，而顾问则为"中国铁路之父"詹天佑。广九铁路全线共修建 7 座铁路桥，其中石厦桥、东莞桥、石龙桥都是相当复杂的工程，耗费资金、人力巨大。广九铁路在东江运输的交通枢纽石龙修筑有南桥和北桥两座桥。石龙火车站，就位于南桥与北桥之间。南桥建成于 1911 年 10 月 11 日，即辛亥革命第二天。15 日，广九列车投入使用，火车为三轴蒸汽机车，初时装饰得非常华丽，车身前后均由鲜花砌成"C.K.R"字样，车前插有中英两国国旗。

001

民国时期广九铁路职员证章

直径 2.9 厘米，厚 0.15 厘米

廣九鐵路行車時間表

由港往省

英段 由九龍往開 深圳往途沿停站

站停途沿往深圳開往龍九由段英

（注意）八點廿五分由兩點卅五
分祇載頭等客　八點廿八分
祇星期及假期行走　兩點卅
五分則星期假期停開

上六點廿五分開　七點八分六分到
上八點卅七分開　八點二十分到
上十點十二分開　九點二十分到
上一○五分開　十一點三十二分到
上十二點卅二分開　十二點三十四分到
十二點三十四分到
九點二十分到
兩點二○五分到
三點○五分到
五點五十三分到

英段 深圳往開 往龍九

站停途沿往深圳開往龍九

注意
上點十一
祇載頭等客

上七點○二分開　八點○二分到
下午十二點四十分開
下午二點十一分開
下六點廿五分開
下七點四十八分開
四點卅三分到

華段

由大沙頭至石龍
由石龍至大沙頭
由深圳至石龍
由石龍至深圳

直通快車時間表

廣九鐵路加開正午省港直通快車

期
日定由是年九月三十日兩天起
每逢星期六星期日兩天加開正午且通
二等　頭等
廣幣　廣收
一元六　七元二　四元二

啟者秋盡冬來日暑漸短本路為適應社會人士日間來往省港便利起見特定廿二年九月三十日起將直通快車開到時刻從新更改益於每星期六及星期日兩天加開正午直通快車時刻列后希為留意此佈

新訂省港直通各次快車開到時間表

由星期一至星期五下午行
由星期一至星期五上午行
每逢星期六下午加開
每逢星期六上午加開
及星期日六星期上卓行

由大沙頭開往午八點二十分正到九龍開往午七點四十一分
由九龍開往午八點廿五分到大沙頭開往午五點二十分
由大沙頭開往午五點到九龍開往午八點一點
由九龍開往午十二點四十分到大沙頭開往午三點五十六分
由大沙頭開征午十二點四十二分列大沙頭下午四點五分
由九龍開往午午六點二三分到大沙頭

民國二十二年九月廿三日廣九路局啟

由大沙頭至各站三等客票價目表

車陂	烏涌	南崗	沙涌	新塘	唐美	仙村	石灘	石厦	石龍	茶山	南社	横瀝	常平	上木頭	樟木頭	林村	塘頭厦	石鼓	天堂圍	平湖	李朗	布吉	深圳	深圳墟
覺	山覺	崗覺	覺	覺	金覺	覺	灘覺	厦毫	龍覺	山覺	社覺	瀝毫	平覺	頭覺	村毫	覺	厦覺	覺	圍覺	湖覺	朗元	吉元	遠元	墟元

由深圳往三等特別票價表

由深圳往三等特別票價　二元二毫

廣九鐵路
惠樟公路
旅客聯票
票價

上午總站省港慢車
開八點四十分鐘
下午省城石龍客車
開四點五十分鐘

上午由六點鐘起至
七點四十分鐘止
下午由二點三十五
分鐘起至
四點鐘止

各站頭二等客票請看詳細價目表

由大沙頭站往惠州
二三等實收毫銀以元
由惠州來大沙頭站

各站西濠口站駁客汽
車開行及售票時
刻表

002

1936 年广九铁路行车时间表

纵 24.3 厘米，横 16.2 厘米

东莞炮竹业 东莞的烟花炮竹生产，在明嘉靖年间即已兴起，万家租、金鳌洲、脉沥洲是烟花炮竹的主要发源地。清朝海禁开放之后，东莞烟花炮竹外销量大增，远销东南亚、欧洲、美洲、澳洲和非洲。每逢庆典节日，多聘请东莞烟花艺人前往燃放烟火，轰动一时。据记载，1887年东莞炮竹出口额为100余万两白银。此后至1930年，东莞烟花炮竹发展到鼎盛时期，工艺技术大有进步，还发明了"电光药"用于生产"电光炮"。而炮竹工厂和生产作坊则多达470余家，其中较为著名的商号有陈泰记、张大益、罗华泰、东信祥、广怡昌等。广怡昌的创办者为万江人陈兰芳，他在东莞、香港、澳门设有多家厂房生产炮竹烟花，被誉为"炮竹大王"。1938年，日军南侵，东莞炮竹厂及作坊全部停顿。抗战胜利后，炮竹业逐渐复苏，先后办起工厂和作坊140多家。

003
民国时期东莞城脉历洲罗华泰炮竹厂制造的炮竹
长10厘米，宽8.5厘米，高2.5厘米

004

民国时期东莞城脉历洲罗华泰炮竹厂制造的炮竹

长 8 厘米，宽 5.4 厘米，高 0.5 厘米

005

民国时期东莞分公司制造的虎头牌炮竹

纵 8 厘米，横 3.8 厘米，厚 0.5 厘米

纪念章

006

1911 年革命军功牌

长 6.3 厘米，宽 3.8 厘米，厚 0.1 厘米

1911 年，辛亥革命爆发。为表彰在革命运动中的有功人员，革命领袖孙中山先生于当年颁发此"革命军功牌"，牌上标明"中华民国元年"。

007

东莞县明伦堂万顷沙自卫局联防大队部证章

直径 2.2 厘米，厚 0.1 厘米

明伦堂原是各地学宫的大堂名称，为生员讲经读书之所。东莞明伦堂在 19 世纪 40 年代前，与各地明伦堂无差别。自 19 世纪 40 年代后，拥有万顷沙六七万亩肥沃的沙田，不但有一套复杂的管理机构，还拥有自己的武装。明伦堂养一支"护沙"的武装队伍。1915 年，明伦堂成立自卫局，拒绝省的护沙统领部队入驻。自卫局局长由总董委派，统帅有两个营的武装力量，人数号称一千。自卫局的一个营驻县城，代替原来的护城兵丁；另一个营驻沙田地区，分设 12 个卡，负责"防卫"。

008

民国时期粤汉区铁路工会第一次会员代表大会纪念章

直径 4.8 厘米，厚 0.18 厘米

1922 年 9 月初，粤汉铁路武长（武昌至长沙）段爆发了为撤除工贼、改善待遇的大罢工。这次罢工历时十九天，工人们经过流血斗争，终于取得胜利，反动当局不得不答应工人的要求。在这次斗争胜利的基础上，11 月 1 日粤汉区铁路工会第一次会员代表大会召开，会上成立了粤汉铁路总工会，会址设在湖南长沙新河，这是全国铁路工会中成立最早的统一组织之一。这个纪念章，就是发给参加此次会员代表大会的代表及其会员的纪念章，数量不多，留存很少，相当珍贵。

009

民国时期东莞中医公会证章

直径 2.5 厘米，厚 0.12 厘米

1922 年，东莞中医界名宿张子绳、卢月湖、邓寿生等人为"联络感情，增进医学知识，及趋近世界协助潮流起见"，发起组织东莞县中医公会。初筹建会馆于莞城高第街，规定凡向政府新领开业执照者，须先取得中医公会会员资格。抗战期间，莞城沦陷，中医公会活动停顿八年。1946 年春，再次召开会员大会，重新开展公会会务。1947 年国民政府颁布"中医师条例"，凡开业中医，须一律经考试院考试或检验合格后，方能领取卫生部之中医师证书。当时的东莞中医公会会长陈炜如放宽入会条件，会员骤增至五百余人，为全省各县之冠。

010

民国时期粤军虎门临时警备指挥部出入证

纵 3.7 厘米，横 2 厘米

粤军是中国近代史上有着重要影响的一支军队。辛亥革命时期，胡汉民、姚雨萍、陈炯明、邓铿等纠集广东地方军，组建八千人的"建国粤军第四军"。1912 年 3 月，陈炯明派粤军进驻东莞虎门，次年即为龙济光军所代替。1920 年，粤军逐走桂军进占石龙。1922 年 4 月，陈炯明在广州叛乱，驻莞粤军随陈叛变。1923 年 2 月 23 日，陈炯明军被桂军逐出东莞。

011

民国时期中国国民党东莞分部职员证章

直径 4.2 厘米，厚 0.12 厘米

中国国民党的前身是中国同盟会，早在 1912 年，中国同盟会即在东莞建立分部，由陈逸川任部长，洪向任副部长，并在县城东坡阁创办《东莞公报》。1924 年 1 月，国民党第一次全国代表大会在广州召开，实行国共合作，国民党组织在东莞得到发展。1925 年秋，国民党中央党部派伦学圃为筹备员，筹建东莞县党部。同年 8 月 8 日，召开全县国民党代表大会，选举产生县党部执行委员和监察委员，正式成立县党部，负责人为谢星南。1927 年 4 月 12 日，蒋介石在上海发动政变，实行"清党"，东莞国民党右派即出动军警搜查共产党机关，对共产党人实行血腥镇压。经过"清党"后，东莞全县有国民党员 3076 人，分设 9 个区党部，被列为甲等县党部。1938 年 11 月 20 日，东莞遭日军进犯，县城沦陷，县党机关迁往石马。1949 年 10 月 17 日，东莞县城解放，国民党在东莞的历史宣告结束。

012

大革命时期东莞济川乡农会证章

长 2.9 厘米，宽 4.8 厘米，高 0.15 厘米

013

大革命时期广东东莞县农民协会会员证章

直径 3.2 厘米，厚 0.1 厘米

广东是我国农民运动开展最早的省份之一，在 1922 年就成立了
海丰县赤山农会。此后农民运动席卷全省。1925 年 5 月成立了
广东省农民协会，并设立了潮梅海丰、惠州、西江、南路、北
江、琼崖六个办事处，中路十七个县（包括东莞县）则直接为
省农民协会领导。东莞县农民协会是在 1926 年初成立的，会
员分布较广，其中以莞城附近四乡最多，声势很大，是斗争最
为激烈的县之一。

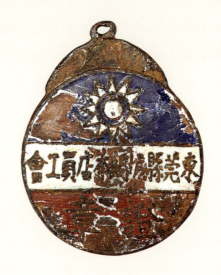

014

1926 年东莞县泥水工会证章

长 2.8 厘米，宽 2.4 厘米

015

1926 年东莞县绸布店员工会证章

长 3.3 厘米，宽 2.5 厘米，厚 0.15 厘米

016

1926 年东莞县杉木业职业工会会员证

直径 2.9 厘米，厚 0.15 厘米

017

1926 年东莞县鞋业职业工会证章

长 1.7 厘米，宽 4 厘米，厚 1.1 厘米

这是民国时期东莞县鞋业职业工会所使用的证章，证章中间位置有显眼的"鞋"字。东莞皮鞋生产上世纪 40 年代最为兴盛，有私营鞋店 20 多家，鞋业工人 300 多人，分布于莞城、石龙、道滘等地。

018

民国时期东莞县总工会证章

直径 2.9 厘米，厚 0.1 厘米

1926 年春夏间，中共东莞特别支部决定利用国共合作的有利形势，把全县已有的莞城、石龙、太平三个互不统属的工会联合会组织起来，正式成立东莞县总工会。由陈兆魁任委员长，赖成基、利润森等为执行委员。这一年，东莞全县工会组织如雨后春笋般成立。莞城先后成立了 35 个工会，会员达 8034 人。石龙先后成立了 40 个工会，会员 5266 人。全县共有基层工会 93 个，工会联合会 3 个，会员 15117 人，比 1925 年上半年增长了 6 倍多。为了维护社会秩序和保障工人利益，许多基层工会还建立了工人纠察队，形成了一支共产党领导下的有组织的工人队伍。工会组织的扩大和会员人数的增加，推动了东莞工人运动的蓬勃发展。

019

民国时期广东女界联合会救护队证章

直径 2.1 厘米，厚 0.15 厘米

1926 年 7 月，广东革命政府领导的国民革命军举行北伐战争，省港罢工的工人在中国共产党领导下，组织了运输队、宣传队、救护队随军北伐，历尽艰险，做出很大贡献。此为当时广东女界联合会救护队的队员所佩戴的证章。

020

民国时期努力北伐证章

直径 2.7 厘米，厚 0.29 厘米

1926 年 7 月，国民政府通过《国民革命军出师北伐宣言》，正式决定出师北伐。叶挺独立团是第一次国内革命战争时期中国共产党独立领导的革命武装，主要由黄埔军校的部分共产党员、共青团员和部分工人、农民组成，是北伐革命军的先遣部队。国民政府誓师北伐后，作为北伐基地和后方的广东，在中共广东区委和共青团广东区委的发动下，兴起了轰轰烈烈的支持北伐的运动。

022

1929 年东莞县石龙镇酒楼茶室职业工会证章

直径 2.9 厘米，厚 0.15 厘米

021

1928 年石龙市革履工会证章

长 3.9 厘米，宽 3.5 厘米，厚 0.15 厘米

东莞革履业历史悠久，以石龙镇最为兴旺。石龙镇的牛皮街、鞋街，莞城镇的皮鞋巷，都是皮革手工业者的聚居地。民国时期，东莞三大镇有忠记、永成、志昌、杨锡记、邱家记、生聚、东源等私人制革作坊和牛皮店，工人数十，均以手工操作，产皮供应当地皮鞋和鼓店使用。这款革履工会证章即为当时东莞革履业发展的见证物。

023

民国时期国民党帽徽

高 6.5 厘米，宽 5.5 厘米

024
民国时期广东省內河航运总工会会员证章
直径 2.9 厘米，厚 0.1 厘米

025
民国时期东莞县第三区署职员证章
直径 2.6 厘米，厚 0.15 厘米

026
1931 年拱卫军第五军第三梯团司令部证章
长 4 厘米，宽 4.5 厘米

027

民国时期第四路军干部训练处第一期毕业纪念章

直径 3 厘米，厚 0.16 厘米

028

民国时期东莞县政府第一区自治自卫保长证章

直径 3.2 厘米，厚 0.15 厘米

029

民国时期东莞县政府地税证实管理处证章

直径 2.3 厘米，厚 0.11 厘米

030

民国时期东莞县县城镇公所证章

直径 2.4 厘米，厚 0.11 厘米

031

民国时期东莞县第五区桥头乡公所证章

直径 2.5 厘米，厚 0.11 厘米

032

民国时期广东省政府民政厅证章

直径 2.5 厘米，厚 0.1 厘米

033

民国时期东莞县永宁乡公所出入证

直径 2.4 厘米，厚 0.12 厘米

034

民国时期东莞税捐处证章

直径 2.3 厘米，厚 0.12 厘米

民国时，税捐多沿袭清制。1913 年划分国、地两税。以厘金、田赋、契税、盐糖等税为国税，后又增加烟酒税、印花税，并改厘金为统捐。1928 年，划分国家收入、地方收入两类。1931 年，裁撤厘金，变革税制，税种计有田赋、矿税、房税等 27 种。1940 年，实施新县制，将屠宰税、房捐划为县级税源。以上是广东省及各县实行的主要税种。据当时广东省财政厅统计，1937—1940 年间，裁撤苛捐杂税 6000 多种，至 1942 年又裁撤各县市苛捐杂税 292 种。当时东莞县征收的，主要有田赋、契税、屠宰税、货物税、营业税、所得税、印花税、营业牌照税和使用牌照税、行为取缔税、房捐、警捐等税种。

035

民国时期虎门区公署村公所职员证章

直径 3.2 厘米，厚 0.1 厘米

036

民国时期中国国民党东莞第八区第一区分部职员证章

直径 3.6 厘米，厚 0.15 厘米

037

民国时期东莞县第十区槎滘乡公所证章

直径 2.6 厘米，厚 0.15 厘米

038

民国时期虎门要塞司令部证章

长 2.2 厘米，宽 5 厘米，厚 0.18 厘米

1912 年 1 月后，国民政府废除清水陆提督制，建立海、陆司，虎门守军划入海军司管，将原水师提督所辖的虎门、长洲所属炮台和一部分水雷队、交通运输船统编成立虎门要塞司令部，由从日本士官学校毕业任陆军某团长的饶景华出任第一任司令。下设参谋长、参谋、督练、观测、副官、军医、军需、军法、秘书、书记等官佐约 40 多员，设立沙角、威远、长洲三个总台和一个雷队，另配属守备军部队四个营，分防各炮台。

039
民国时期广州店员总工会当按押分会
东莞县支部证章
直径 3.7 厘米，厚 0.15 厘米

040
民国时期东莞县政府证章
直径 3 厘米，厚 0.15 厘米

辛亥革命后，中华民国临时政府成立，县的政权机构改
称县公署，县长下设有总务、民政、财政、教育、实业
各课，分课办事。1921 年，废除知事制，行民选县长制。
1934 年，县政府机构县长下设有秘书、总务科、自治
科、公安局、财政局、建设局、教育局和土地局。1947
年 12 月，县政府奉令紧缩机构，除田粮科、邮政局、警
察局、地方法院仍照设外，政府内原六科六室，裁并为
第一、二、三、四、五科和秘书、会计二室。以上机构，
沿用至县境解放。

041
民国时期油漆总工会总部证章
直径 3.6 厘米，厚 0.16 厘米

042
民国时期省港华人船主司机总工会证章
直径 3 厘米，厚 0.16 厘米

043
民国时期东莞县中医救护团证章
直径 3.3 厘米，厚 0.12 厘米

044

民国时期香港木匠总工会会员证

长 2.9 厘米，宽 2.4 厘米，厚 0.1 厘米

045

民国时期广东米业总工会证章

直径 3.5 厘米，厚 0.16 厘米

046

民国时期鱼钓工商联合会维持社证章

直径 2.7 厘米，厚 0.11 厘米

教 育

047

1934 年《莞中学生》第八期

纵 20.8 厘米，横 15.3 厘米

《莞中学生》约创刊于 1932 年，由东莞学生自治会学术部主编，是学生会出版
的唯一刊物，每学期出版一至二期，正文分为随笔与散文、论文、艺文、小说、
译文、通信、剧本、诗等八个部分。该刊以文会友，集思广益，在莞中极一时
之盛。迨至 1938 年秋，莞城沦陷，学校拨迁，被迫停刊。

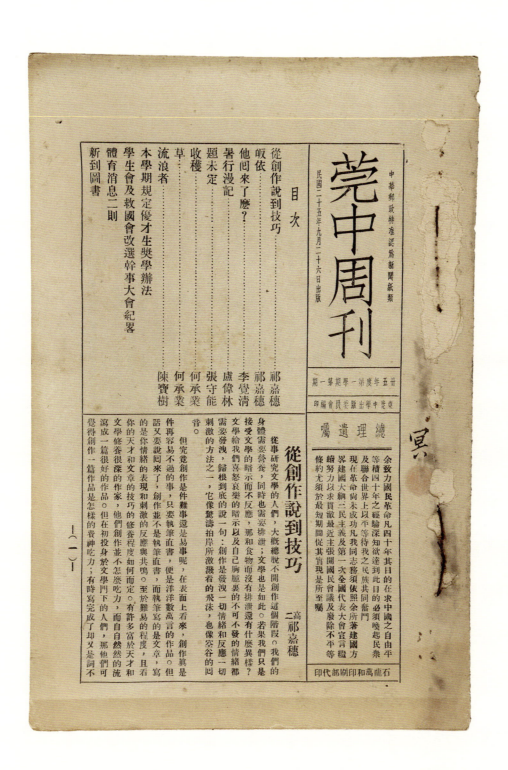

中華郵政特准認為新聞紙類

莞中周刊

民國二十五年九月二十六日出版

廿五年度第一學期第一期

東莞中學出版委員會編印

總理遺囑

余致力國民革命凡四十年，其目的在求中國之自由平等。積四十年之經驗，深知欲達到此目的，必須喚起民眾，及聯合世界上以平等待我之民族，共同奮鬥。現在革命尚未成功，凡我同志務須依照余所著建國方畧、建國大綱、三民主義及第一次全國代表大會宣言，繼續努力，以求貫徹。最近主張開國民會議及廢除不平等條約，尤須於最短期間促其實現。是所至囑。

石龍萬和印刷部代印

從創作說到技巧

高二 祁嘉穗

從事研究文學的人們，大概總脫不開創作這個階段。我們的身體需要營養，同時也需要排泄；文學是如此。若果我們只是接受文學的暗示而不反應，那和食物而沒有排泄還有什麼異樣？文學給我們喜怒哀樂的暗示以及自己胸臆裏的不可不發的情緒都需要發洩，歸根到底的說一句：創作是發洩一切情緒和反應一切刺激的方法之一，它像驚濤拍岸所激濺着的飛沫，也像空谷的回音。

但究竟創作是件難事還是易事呢，在表面上看來，創作真是件再容易不過的事，只要執筆直書，便是洋洋數萬言的作品。但話又要說囘來了，創作並不是執筆直書，而執筆寫的是文章，寫的是你情緒的表現和刺激的反應無與共鳴。至於難易的程度，且看你的天才和文章的技巧的修養程度如何而定。有許多富於天才和文學修養很深的作家，他們創作並不怎麼吃力，而自然的流瀉成一篇很好的作品。但在初投身於文學門下的人們，那他們可覺得創作一篇作品是怎樣的費神吃力；有時寫完成了卻又是詞不

—（一）—

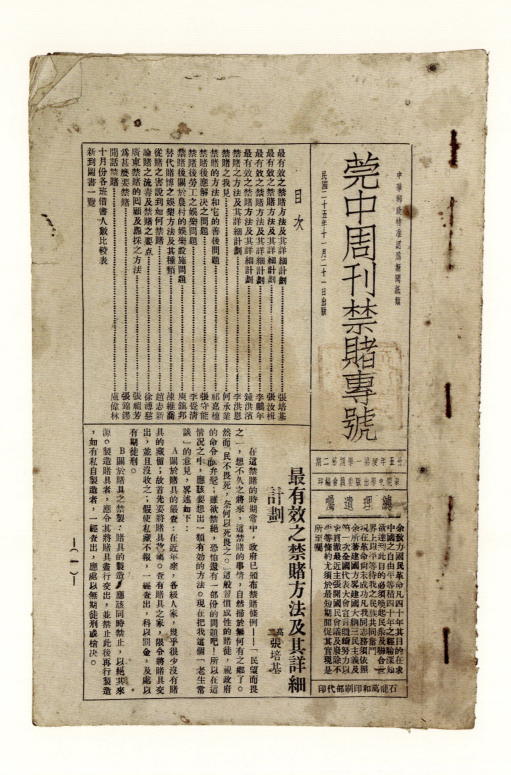

049

1936 年《莞中周刊禁赌专号》

纵 16.5 厘米，横 18.7 厘米

050
1937 年《莞师学生》第二期

纵 18.8 厘米，横 13 厘米

叱咤　李慧周

版出日二十月一十年六十國民　●　印編會治自生學中生明　●　號刊創

叱咤

——代發刊詞——

金剛

東亞大陸瀰漫著血跡，太平洋上翻起了巨潮，炮彈在空中怪叫，烈火把地面燒焦。

猛醒啊！被蹂躪於帝國主義鐵蹄下的人們：屠殺弱小民族的戰神正露出猙獰兇狠的魔笑。

★

不甘做奴隸的中華民族起來了，就在今朝，今朝宰割者的利刀快將戮入我們的胸腔了，我們四萬萬五千萬同胞都已怒火中燒，為爭取自由，維持人道正義而發出抗戰的呼嘯。

★

呼嘯呀，呼嘯，把我們叱怒的呼聲向四方繚繞！我們要喚起何任沉迷昏睡中的同胞——

大家揮動所有的武器，一齊向前衝鋒；把強橫無理的敵人趕走。保衛錦繡的神州。

★

更願我們這嘹喨的音波，能激動全民美怒吼，驚破了世界侵害者的迷夢吶，我們要——使那包藏禍心的國際強盜和人類的劊子手知道酣臥已久的東亞睡獅現經奮起而咆哮。

051

1937 年东莞明生中学《叱咤》创刊号

纵 26.3 厘米，横 19.5 厘米

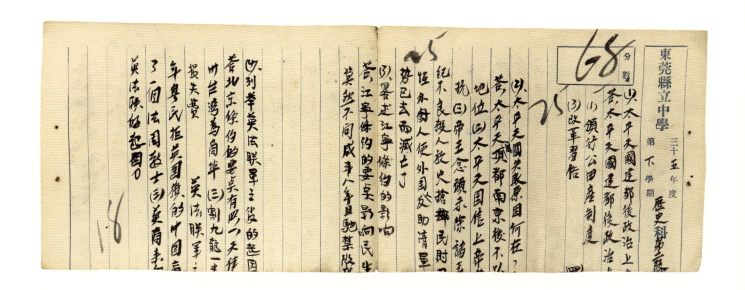

052

1946 年东莞县立中学历史科试卷

纵 12.8 厘米，横 35.6 厘米

东莞县立中学的前身为"东莞学堂"，创办于清光绪二十八年九月一日（1902 年 10 月 2 日）。1924 年改名为东莞县立中学。东莞沦陷期间，该校曾几度搬迁。1945 年 8 月日本投降后，才迁回原址。东莞县立中学自建校以来，为国家造就了大批人才，蒋光鼐、容庚、容肇祖、邓白、王匡、李讯萍等人均毕业于该校。

053

民国时期良横乡第二中心国民学校证章

长 2.9 厘米，宽 2 厘米

广　告

054

民国时期东莞烟铺油印地道名烟标签广告

纵 12 厘米，横 11.2 厘米

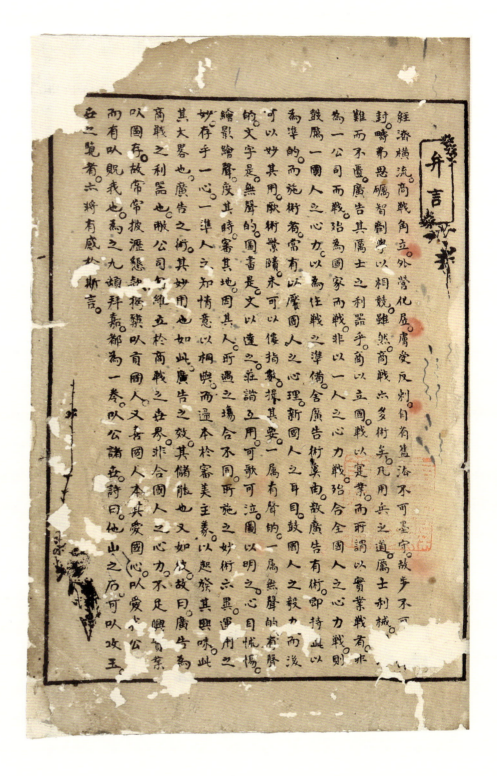

055
民国时期《使用广告法》书籍

纵 22.5 厘米，横 16.4 厘米，厚 1.2 厘米

此为民国时期广告行业的推广、普及书籍。书中详细说明了招贴广告、日报杂志广告、广告文字、广告绘画等广告的种类、准则和规范，同时附有100 幅实例图文香烟广告，是研究民国时期广告业不可多得的珍贵资料。

056

民国时期李兰馨堂酒厂横塘大饼药酒广告单

纵 13.3 厘米，横 17.8 厘米

057

民国时期广东谦记饼干厂生产的

将军牌饼干广告画

纵 12.3 厘米，横 8.3 厘米

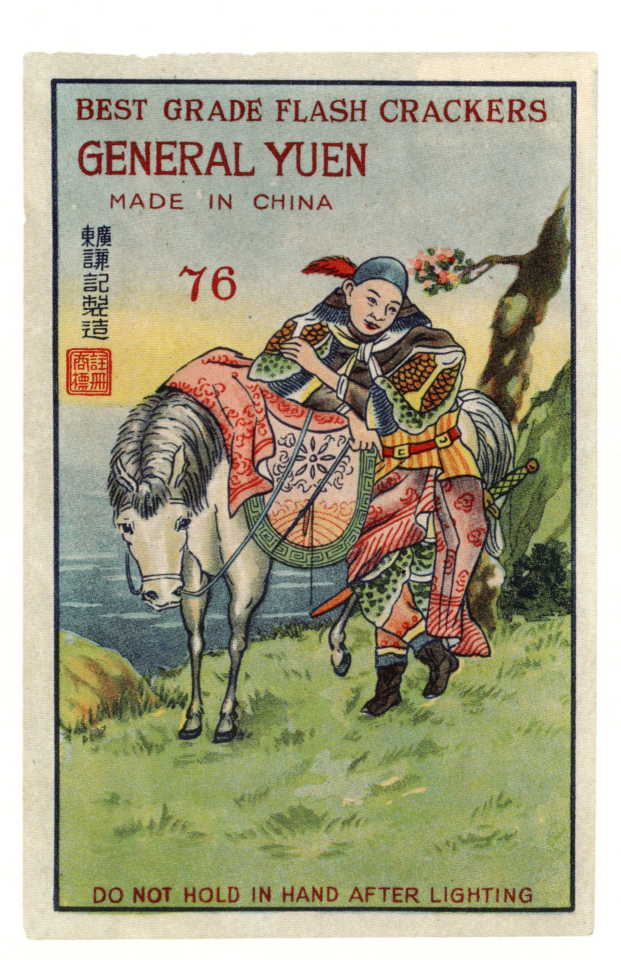

058

民国时期杀虫香露广告纸

之一

纵 2.8 厘米，横 5.4 厘米

之二

纵 7.8 厘米，横 6.1 厘米

之三

纵 7.8 厘米，横 3.3 厘米

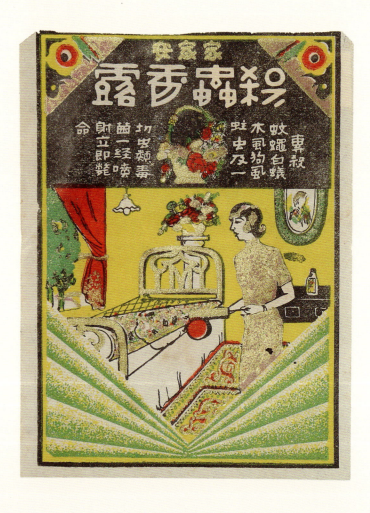

其 他

◎東莞警衛隊之駐地

特別紀載

廣東省地方警衛隊東莞常備隊自去年改編後現巳編竣著計全縣其七中隊廿一小隊、茲將大小隊長姓名及駐地誌下、第一中隊長陳永安轄三小隊、第一小隊長翁啓東、第二小隊長郭自強、第三小隊長張義山、中隊部駐城外北隅、第二中隊長陳裴然、轄三小隊、第一小隊長林警、第二小隊長葉秀芝、第三小隊長王一鐸、隊部駐七區犀牛城、第三中隊長周守謙、轄三小隊、第一小隊長譚飛、第二小隊長黃炳榮、第三小隊長龐虁卿、隊部駐四區塘頭厦墟、第四中隊長張振八轄三小隊、第一小隊長鍾慶章、第二小隊長鄧雲鵬、第三小隊長鄧國忠、隊部駐九區濟川鄉、第五中隊長莫炳卿、轄二小隊、第一小隊、隊部駐十區太平墟、第六中隊長劉發如、轄三小隊、第一小隊長倫壽民、第二小隊長吳文江、第三小隊長王沃林、第二小隊長兼、隊部駐十一區第一小隊長劉定嘉、第二小隊長黎由中隊長兼、轄三小隊、第一小隊長未委出、智由中隊長兼、隊部駐十一區第三小隊長劉廷飛、第七中隊長雷彪、轄三小隊、第二小隊長胡健鳴、第三中堂墟、第一小隊長羅美賢、隊部駐十一區霄邊鄉、第三小隊長劉庭飛、區中堂墟、

民国时期"东莞警卫队之驻地"剪报
纵 11 厘米，横 13.4 厘米

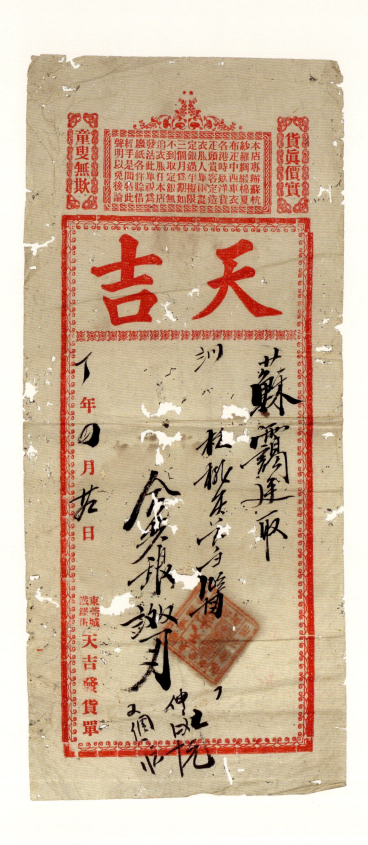

060

莞城铁锅街天吉号发货单

纵 33 厘米，横 14.5 厘米

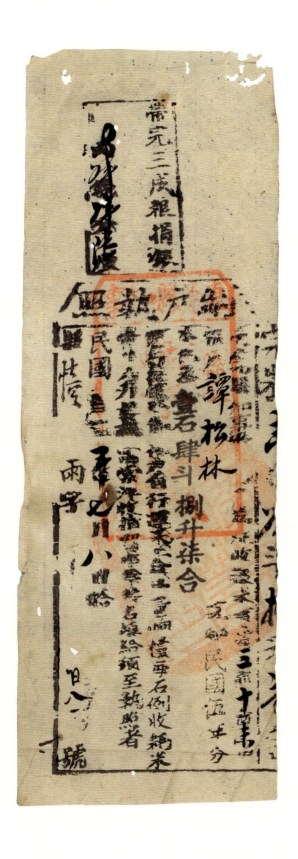

061

1916 年纳户执照

纵 24.8 厘米，横 8.7 厘米

中華民國六年舊歷六月刃旨
承項人謝成翰的筆

062
1917 年顶生意契稿

纵 23 厘米，横 21.5 厘米

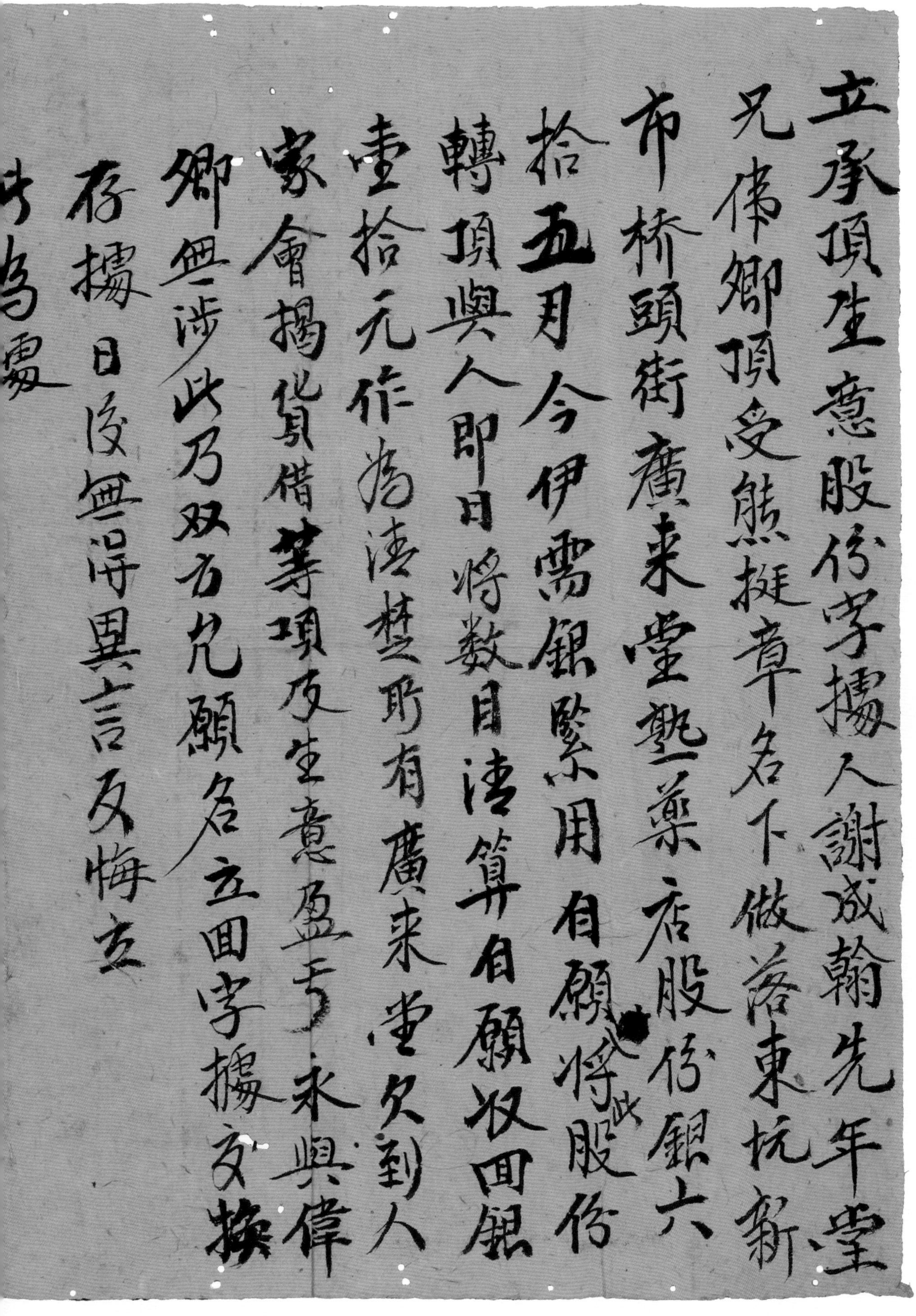

立承頂生意股份字據人謝成翰先年堂

兄偉鄉頂受熊挺章名下做落東坑新

布橋頭街廣来堂藥店股份銀六

拾五月今伊需銀緊用自願將股份

轉項與人即日將數目清算自願收回銀

壹拾元作為清楚耶有廣来堂欠到人

家會揭貨借等項反生意盈亏永興偉

卿無涉此乃双方允願各立回字據交換

存據日後無得異言反悔立

此為炤

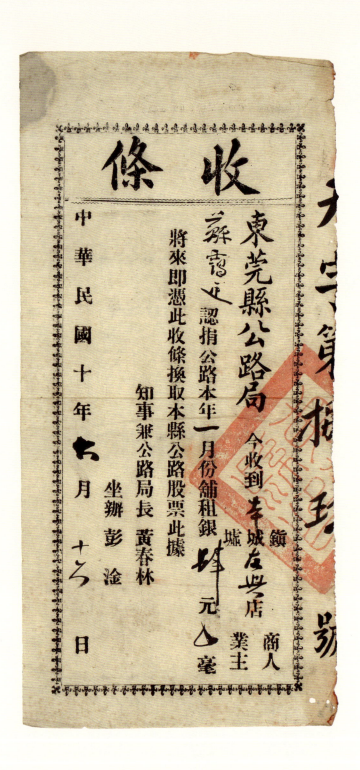

063

1921 年东莞县公路局友兴店认捐收条

纵 25.5 厘米，横 12 厘米

认捐是指个人或团体在捐助过程中，以口头、书

面等形式达成捐赠意向和捐赠协议，但尚未将捐

赠落实的行为。这种情况在民国时期较为普遍。

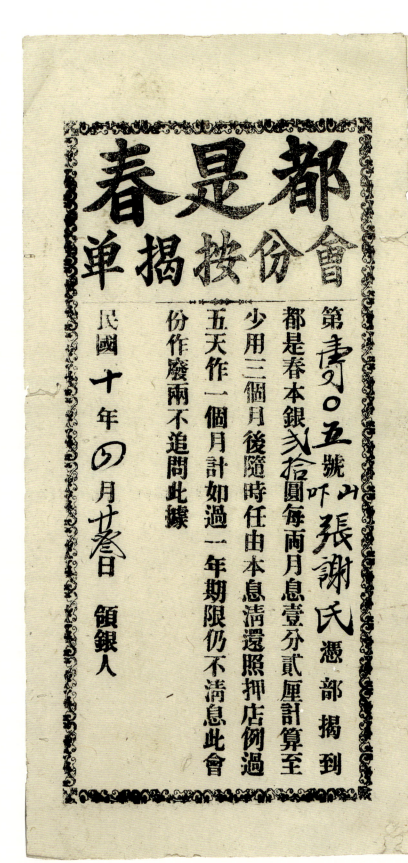

064

1921 年都是春会份按揭单

纵 24.5 厘米，横 12.2 厘米

"按揭"一词是英文"Mortgage"的粤语
音译，是指以房地产等实物资产或有价证券、
契约等作抵押，获得银行贷款并依合同分期
付清本息，贷款还清后银行归还抵押物。

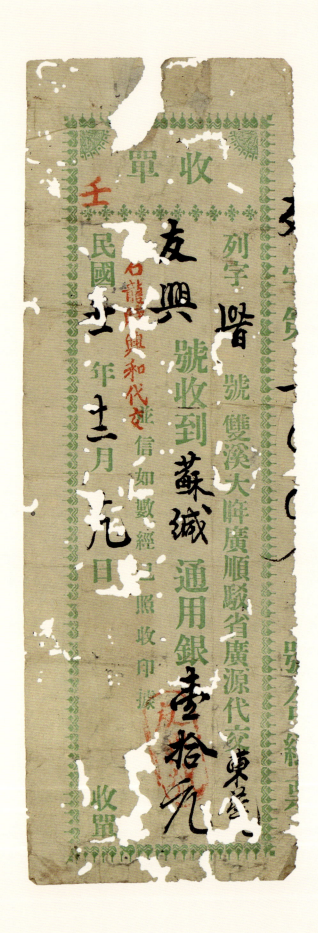

065

1923 年友兴收单

纵 21.5 厘米，横 14.5 厘米

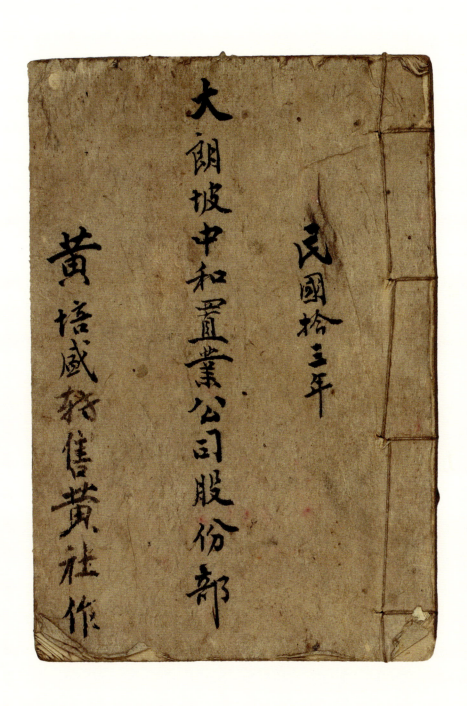

066
1924 年《大朗坡中和置业公司股份部》册

纵 17.7 厘米，横 12.3 厘米

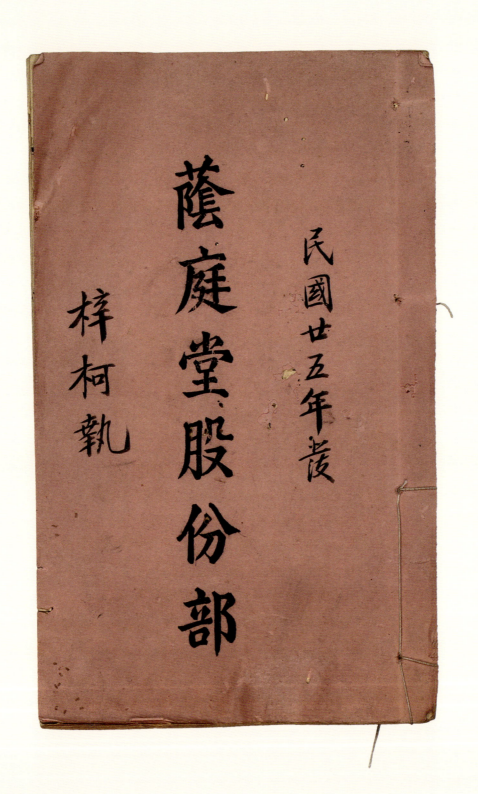

067
1936 年《荫庭堂股份部》册

纵 21.4 厘米，横 13.1 厘米

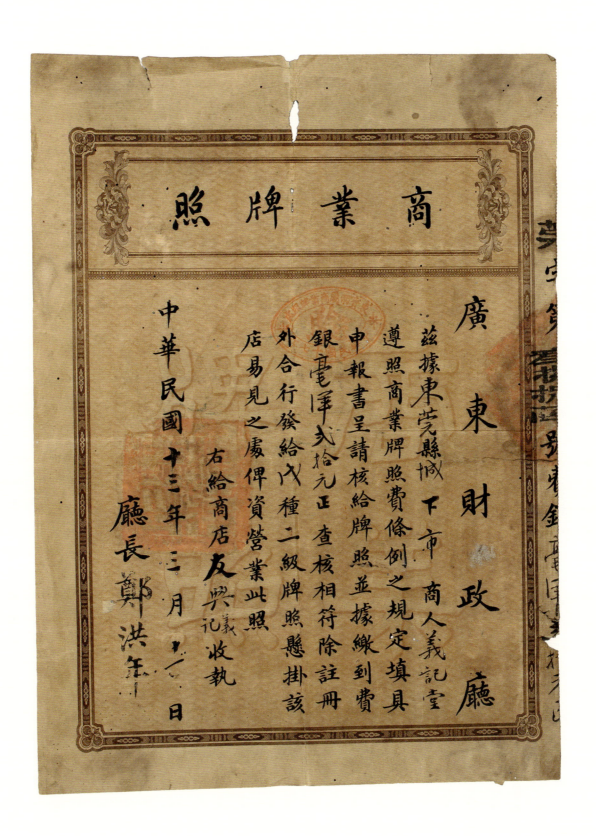

1924 年商业牌照

纵 39 厘米，横 29 厘米

069
1933 年发行的莞樟公路股票和 1937 年
发行的救国公债

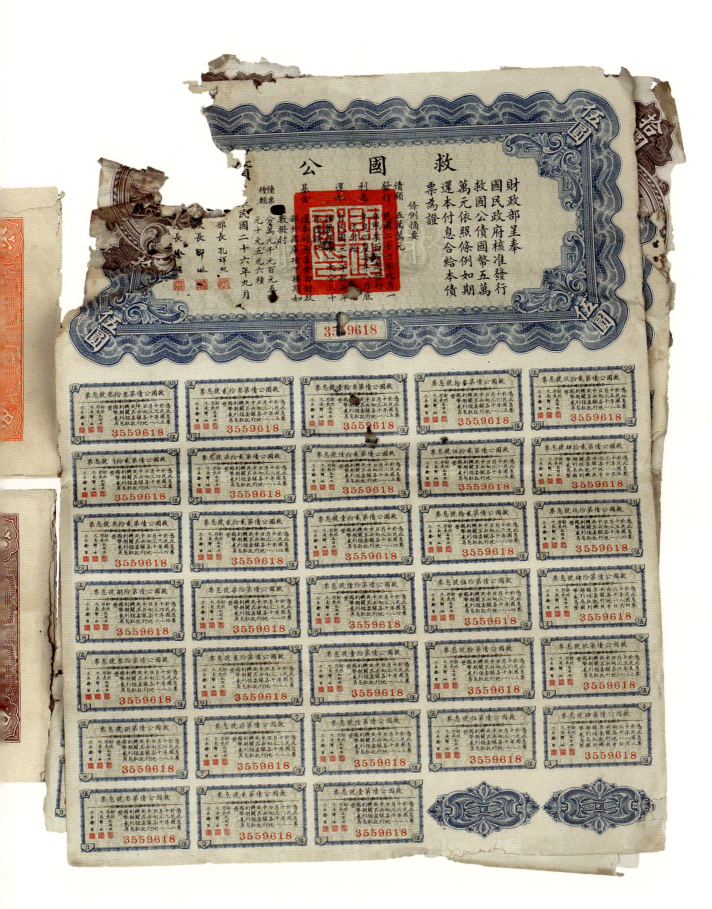

070

1940 年国民政府所发建设金公债

纵 23.2 厘米，横 43.3 厘米

抗战时期，国民政府为筹措抗战资金，大量发行政府公债。此
为当时财政部发行的公债。

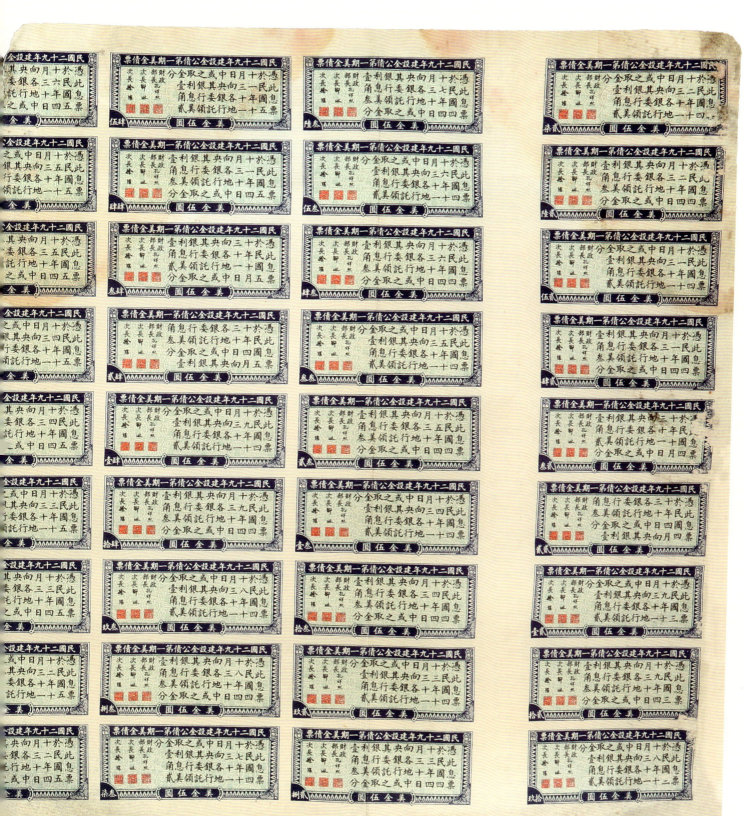

[叁] 华侨文物

    中国海外移民的历史悠久，自有海外贸易始，就有因贸易而留居海外的商人和水手。广东地处中国东南沿海，自古对外贸易繁盛，且幅员辽阔、劳动力人口众多，因此海外移民的数量较多，是著名的侨乡。

    据 20 世纪 80 年代的估算，海外华侨华人约有 3000 万人，遍布世界各国。祖籍广东的华侨约占总人数的三分之二，约 2000 万人左右。这些广东籍侨居海外的移民为侨居地和祖籍地的经济发展、文化交流和融合做出过贡献。馆藏的华侨文物，便是当年海外华侨们生存和生活的缩影和见证。

001
清代华侨用过的收据布袋

高42厘米，宽60厘米

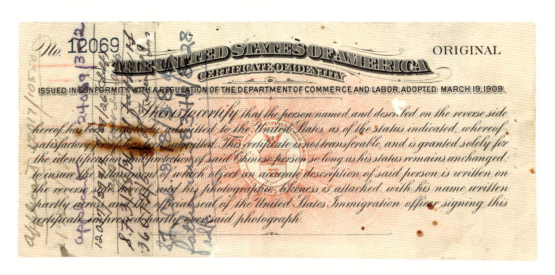

002

1913 年美国华侨身份证

纵 7.3 厘米，横 18 厘米

1882 年，美国政府颁布了第一个臭名昭著的排华法案。1884 年，美国国会通过修正案，规定所有离美华人再入境必须获得中国驻美总领事馆的许可证，并须获得旧金山移民局检查官签发的许可证，而后者是重新入境的唯一有效证件。1917 年美国移民法规定，中国和其他亚洲国家的人民一律不准登上美国海岸。在如此严苛的环境下，旅美华侨在美国的生活异常艰辛。

003

1928 年 10 月 30 日华侨银行有限公司 NO.6/4745 银票

纵 11.6 厘米，横 24.3 厘米

银票是银行承兑汇票的简称，由银行担任承兑人的一种可流通票据。承兑是指承兑人在汇票到期日无条件向收款人支付汇票金额的票据行为。付款人在汇票上注明承兑字样并签字后，就确认了对汇票的付款责任，并成为承兑人。华侨银行是新加坡成立时间最早的本土银行，1932 年由三大华资银行合并而成，当中最早的成立于 1912 年。以资产规模来说，华侨银行是东南亚第二大金融服务集团，具有良好的信用评价。民国时期，华侨先辈为生活所迫或为逃避战乱谋求生存，冒险泛海南渡，前往东南亚及其他国家。他们奋斗拼搏、克勤克俭，将来之不易的血汗钱托寄回家乡。华侨银行即为侨汇汇入国内的主要渠道之一。

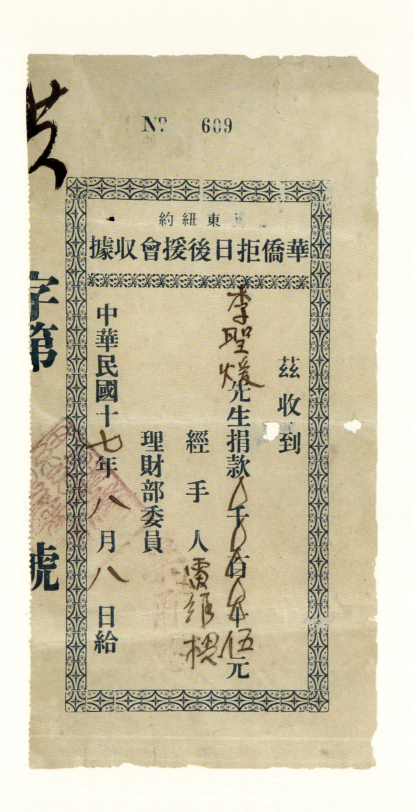

004

1928 年华侨拒日后援会开具给李圣烪的捐款收据

纵 21.5 厘米，横 10.5 厘米

华侨拒日后援会是抗战期间美国华侨成立的救国团体，它与三藩市（即旧金山）的旅美华侨统一义捐救国总会（主席邝炳舜）、纽约全体华侨抗日救国筹饷总会是三个规模最大的救国团体。

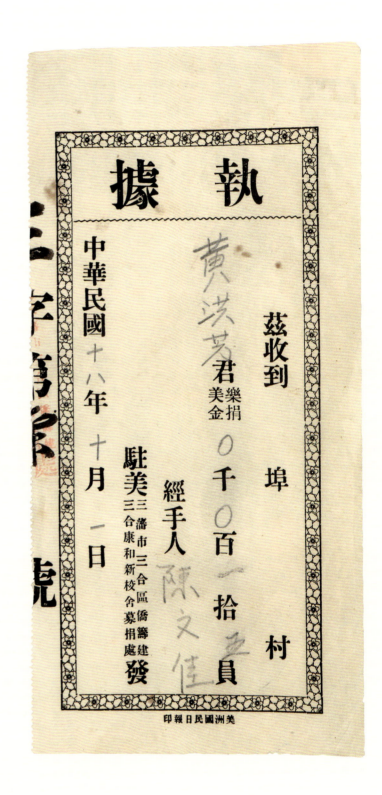

005
1929年10月1日美国三藩市华侨捐款执据

纵 20 厘米，横 9.8 厘米

006

1931 年诗丕亚轮船公司"日本皇后"号大舱客床位纸

纵 8.9 厘米，横 13.8 厘米

这是一张早期旅美华侨的回国船票。自 19 世纪 70 年代始，美国在广
东招募了大量男性华工去做苦力，修铁路、淘金、开矿、伐木。接下
来的 60 多年里，美国不再需要大批劳工，便开始严禁华工入境，并
对侨居美国的华工实行排华政策。旅美华侨中能发大财、能衣锦还
乡的"金山客"只占少数，而与之相对的是大量华工难以维持生计，
更无多余财力负担回国的路费。因此，这张船票不仅凝结了船票主人
对故土、亲人的无尽思念，更凝结了一个时代一个群体的心酸血泪。

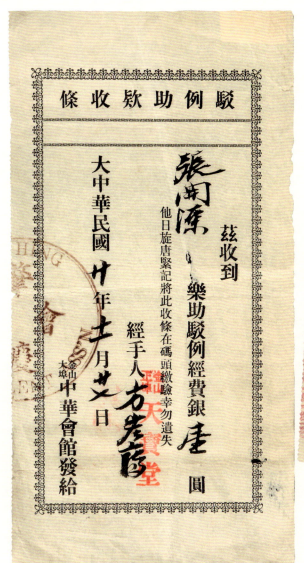

007
1931 年金山中华会馆开具给张开源驳例助款收条

（其一）纵 20.8 厘米，横 10.9 厘米
（其二）纵 11.5 厘米，横 7.5 厘米

金山中华会馆，全称是驻美国旧金山中华总会馆，美国华人社
团，1862 年成立，主要工作是处理全侨性社会福利事宜。最初
由三邑、阳和、人和、宁阳、合和、冈州六个会馆联合组成，1878
年肇庆会馆加入，遂成为七大会馆。抗战期间，该会广泛团结
旅美华侨，开展各种爱国活动，积极支持中国抗战。

I, LEE YUK LUM, on oath depose and say:

That I am a native-born citizen of the United States and hold, as documentary evidence of that fact, Certificate of Identity #22301 issued to me as such citizen May 23, 1916, by the U.S. Immigration Official in Charge at the Port of San Francisco, Cal. (See San Francisco Files Nos. 15251/5-25 SS China May 16 1916 and No.12017/15996)

That I desire to bring to the United States my son LEE KAY WAY, aged 8 years, he being also a citizen of the United -though born abroad- under the provisions of Sec.1993 U.S.Rev.Stats (8 USCA. Sec6) and therefore prepare this affidavit to assist in his identification and in procuring transportation to the United States via the Port of Boston, Mass.

That I have retained John G. Sullivan, Esq., of Barristers Hall, Boston, Mass., to represent me in the matter of my said son's admission and request all communications relating thereto be sent me in his care.

Correct photographic likenesses of myself and of my said son will be found hereto attached.

Lee Yuk Lum

李毓林

Commonwealth of Massachusetts
County of Suffolk   ss: Boston, Sept. 22, 1930.

Then personally appeared the above named LEE YUK LUM and made oath to the truth of the foregoing by him subscribed.   Before me.

John G. Sullivan
Notary Public.

My Commission Expires Nov. 23, 1934

008

1934 年李毓林迁移儿子的声明书

纵 28 厘米，横 21.5 厘米

009

1936 年 7 月 20 日杨世錄的华侨银行有限公司的汇票

纵 11.6 厘米，横 25.3 厘米

汇票是国际结算中使用最广泛的一种信用工具，由出票人签发，要求付款人在见票时或在一定期限内，向收款人或持票人无条件支付一定款项的票据。

010

1937 年旅美华侨统一义捐救国总会发给余毓近的义捐卡

纵 7.5 厘米，横 12.6 厘米

抗战全面爆发的 1937 年，国民政府财政收入约 21 亿元，而一年的军费则需近 14 亿元。面对巨大的军费支出，海外华侨积极组织起来，抗日团体星罗棋布，并在短期内实现了组织上的高度统一。抗战期间，美国华侨一共成立了 95 个救国团体，其中尤以三藩市（即旧金山）的旅美华侨统一义捐救国总会（主席邝炳舜）、纽约全体华侨抗日救国筹饷总会和芝加哥华侨救国后援会（委员长梅友卓）的规模最大。旅美华侨统一义捐救国总会是美洲地区规模最大的华侨抗日救国组织，既有国民党参加，也有美国共产党华人部、万国工人保险互助会旧金山分会的团体代表，直接统属的分会计有 47 个，遍及美国西部、墨西哥、中南美洲 300 余处大小城镇。这些救国抗日组织，筹集资金支持国内抗战。华侨的财力支援正是雪中送炭，据估算，在抗战初期，华侨每月捐助军饷几占当时全部军饷的三分之一。

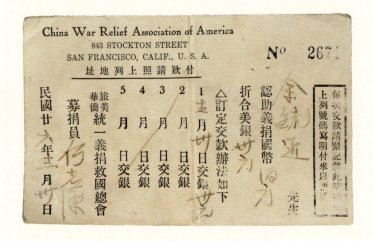

011

1938 年旅美华侨统一义捐救国总会有奖券

纵 9 厘米，横 7 厘米

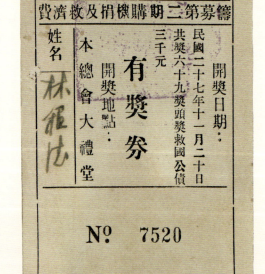

012
20 世纪 30 年代美国华侨存折
纵 8.8 厘米，横 12.5 厘米

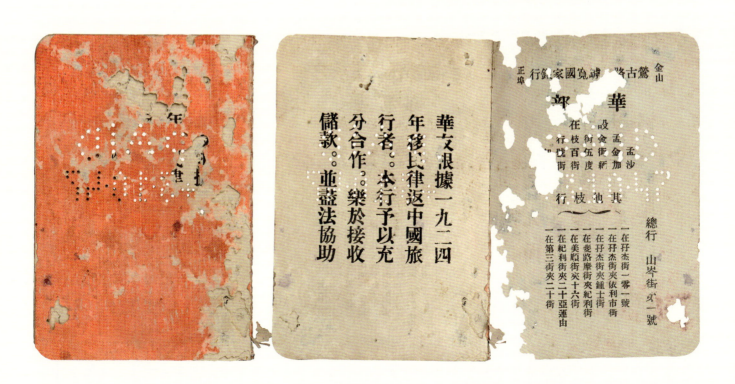

	IN ACCT. WITH	HUIE SHING CHUNG			No. 3463	
	DATE	WITHDRAWAL	INTEREST	DEPOSIT	BALANCE	Teller
1	8-18-37			★★ ★300.00	★★★ 300.00	18
2	10-20-37			★★ ★50.00	★★★ 350.00	18
3	11-15-37			★★ ★50.00	★★★ 400.00	18
4	1-10-38	Dec. 31, 1937 Interest@2%	★★ ★★1.90		★★★ 401.90	18
5	1-10-38	June 30, 1938 Interest@2%		★★ ★50.00	★★★ 451.90	18
6	7--8-38		★★ ★4.48		★★★ 456.38	18
7	7--8-38			★★ ★40.00	★★★ 496.38	18
8	1--9-39	Dec. 31, 1938 Interest@2%	★★ ★★4.93		★★★ 501.31	18
9	1--9-39			★★ ★50.00	★★★ 551.31	18
10	4--4-39			★★ ★50.00	★★★ 601.31	18
11	5-17-39			★★ ★50.00	★★★ 651.31	18
12	7--6-39	June 30, 1939 Interest@2%	★★ ★5.72		★★★ 657.03	18
13	7--6-39			★★ ★50.00	★★★ 707.03	18
14	10-28-39			★★ ★50.00	★★★ 757.03	18
15	1--6-40	DEC. 31, 1939 INTEREST	★★ ★★7.20		★★★ 764.23	18
16	1--6-40			★★ ★50.00	★★★ 814.23	18
17	7--9-40	JUNE 30, 1940 INTEREST	★★ ★8.11		★★★ 822.34	18
18	7--9-40			★★ ★40.00	★★★ 862.34	18
19	1--8-41	DEC. 31, 1940 INTEREST	★★ ★8.59		★★★ 870.93	18
20	1--8-41			★★ ★40.00	★★★ 910.93	18
21	7--9-41	JUNE 30, 1941 INTEREST	★★ ★★6.80		★★★ 917.73	18
22	7--9-41	DEC. 31, 1941 INTEREST		★★ ★30.00	★★★ 947.73	18
23	1--9-42		★★ ★7.08		★★★ 954.81	18
24	2--9-42			★★ ★100.00	★★★ 1,054.81	18

THE ANGLO CALIFORNIA NATIONAL BANK
OF SAN FRANCISCO
PAYABLE ONLY ON PRESENTATION OF THIS BOOK
ALL ENTRIES IN THIS BOOK MUST BE MACHINE POSTED

華友根據一九二四年移民律返中國旅行者。本行予以充分合作。樂於接收儲款。並盡法協助

金山 鷺古路 碑覽國家鎮行 正埠
華部
設在 孟沙 加金 新金街 五度街 百戲街 行戲街
其他枝行
一在孖杰街一零一號
一在孖杰街夾依利市街
一在孖杰街夾鍾士街
一在斐路摩街夾紀利街
一在美順街夾十六街
一在紀利街夾二十亞運由
一在第三街夾二十街
總行 山岧街成一號

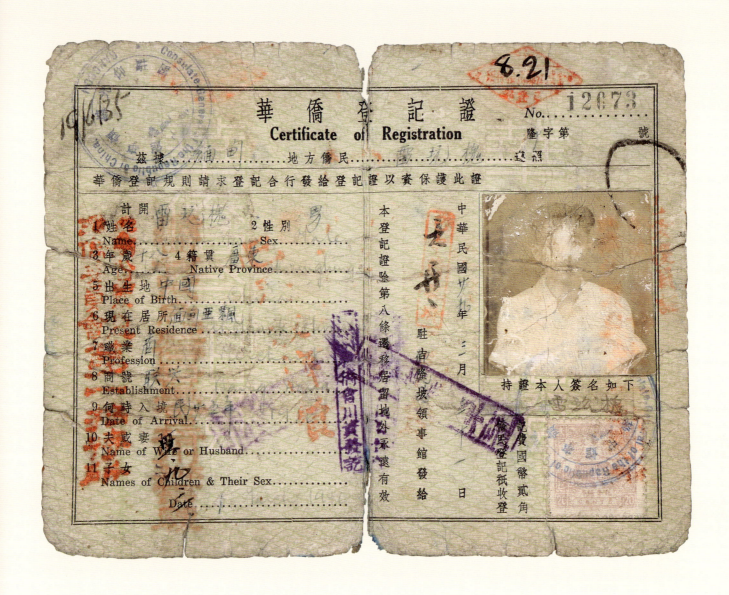

013

1940年缅甸华侨雷玩槐华侨登记证

纵 14 厘米，横 18 厘米

侨民登记证是登记、保护海外华侨的证明。1930 年 1 月 17 日，国民政府在签署国际《国籍法公约》前，颁布了《华侨登记规则》和《华侨登记办事细则》，以解决长期侨居国外的侨民子女们的国籍问题。侨民登记证上列有姓名、性别、年龄、籍贯、出生地、现在居所、职业、商号、何时入境、夫或妻、子女等 11 项基本信息，并贴有加盖中华民国驻吉隆坡领事馆压片印章的黑白照片、面值两角的外交部"华侨登记"印花。侨民登记事务由当时的外交部驻外领事馆负责办理，需提交一式三份的登记请求书，领事馆、外交部、侨务委员会分别留档，须缴三张照片，并贴登记印花国币两角。早期的侨民登记证有效期为一年，1935 年 12 月 18 日再次颁布的《侨民登记规则》规定：本登记证除第八条迁移居留地外永远有效。侨民如不登记，领事馆不负保护之责。侨民有请求事项须先呈验登记证，若未办理登记证，应即补行登记，加贴 5 倍印花。雷玩槐的侨民登记证为中华民国二十九年（1940）三月二十一日，驻吉隆坡领事馆发给，且只有两角印花，说明此证为按规定办理的原件，并未发生丢失或补办。

014

1944 年宝华金铺陈又燊购金单

纵 35.3 厘米，横 17.2 厘米

宝华金铺是香港的一家商号，主要经营中西首饰、珍珠钻石、翡翠玉器，地址在香港上环大马路 288 号。

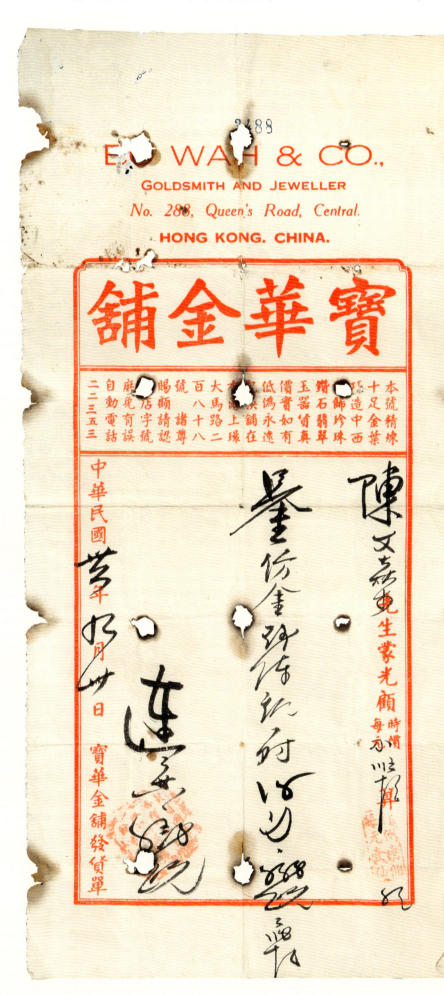

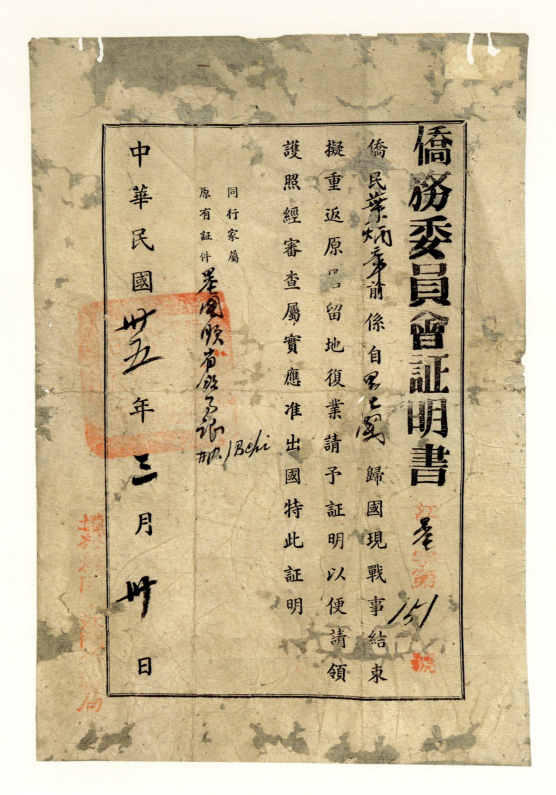

015
1946 年侨务委员会发给叶炳章回墨西哥的证明书
纵 24.5 厘米，横 17 厘米

华侨移居墨西哥始于 1565 年，以华侨海员为主。19 世纪末，一批开发美国西部的华工迁入墨西哥。1899
年中墨政府签订《海上通航友好协定》，规定中墨两国公民可自由出入对方国家并自由就业。1902 年，
中墨正式通航后，中国人成批进入墨西哥从事商业和农业生产。早期抵墨的华侨多为广东籍华工，一般
受雇于筑路、矿产公司和农场，主要居住在蒂华纳市、墨西哥城和墨西卡利市，少数华侨华人散居于墨
西哥其他城市。

隊總作工別特時戰年青僑華濱律菲
PHILIPPINE CHINESE YOUTH WARTIME SPECIAL SERVICE CORPS.

016

民国时期菲律宾华侨谭裔慈给儿子谭烨华的信

纵 31.5 厘米，横 21.5 厘米

海外华侨的家书亦称"侨批"，被视为华侨历史文化的"敦煌文书"。从这封家书中可以看出，第一，中国、菲律宾、美国货币兑换汇率变动，致使直接汇款多有不划算且须手续费，因此直接书信寄送或托人捎带更加便利；第二，华侨们在外辛苦经营以支持国内家眷，信中父亲谭裔慈多次叮嘱儿子谭烨华"儿母子安心居家，费用吾当设法继续寄回，儿安心读书可也"；第三，信中只提及月份日期，未写明年份，但所用信笺为菲律宾华侨青年战时特别工作总队信笺，应早于 1942 年。菲律宾华侨青年战时特别工作总队于 1942 年 8 月 13 日成立于岷市郊外马拉汶社。

星洲永安祥

黄慶孚

亞巴必麒麟街十
三號電話四六六二

017
民国时期星洲永安祥黄庆孚名片

纵 11 厘米，横 4.7 厘米

《星洲日报》是由新加坡永安堂虎标万金油老板胡文虎和胡文豹兄弟，将早先创立的《星报》和新加坡商人邓荔生的春源印刷厂合并而成，于 1929 年 1 月 15 日创刊于新加坡。《星洲日报》创办初期，在上海、厦门和香港派驻记者，用电报拍发专讯，主要向当地的华侨传达有关中国的最新发展讯息。

018

民国时期谦信洋行红酒包装铁罐

通高 32.7 厘米

019
民国时期华侨用过的银奶壶
高 11 厘米，长 19.5 厘米

020
民国时期华侨用过的暖水瓶
通高 26.5 厘米

021

民国时期华侨用过的爽身粉铁罐

通高 14.8 厘米

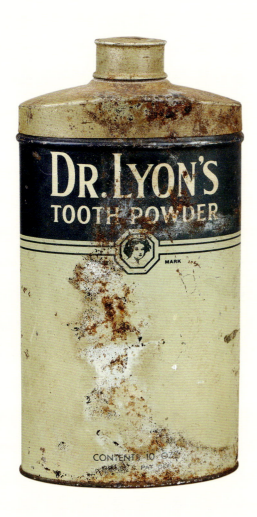

022

民国时期华侨用过的化妆品盒

通高 4.6 厘米

023

民国时期华侨用过的香水瓶

通高 9 厘米

[肆] 抗日战争文物

  1938 年 10 月 12 日，日军在广东惠阳大亚湾登陆；10 月 19 日，日军占领石龙；10 月 23 日，日军占领虎门；11 月 20 日，日军占领莞城，东莞全面沦陷。日本侵略东莞期间，东莞经济社会遭到了严重破坏，人口大幅锐减，农业直线下降，工商业凋零。与此同时，东莞人民以顽强的意志，英勇抗战，付出了巨大的代价和牺牲。

  馆藏抗战文物有 313 件（套），主要来源于抗战烈士及家属捐赠、政府捐赠、本馆征集。抗战文物虽然数量不多，但却是东莞抗战历史的最好见证物，为后人开展学术研究、陈列展示、宣传教育等提供重要依据，也为人们了解这段历史提供可靠的素材。

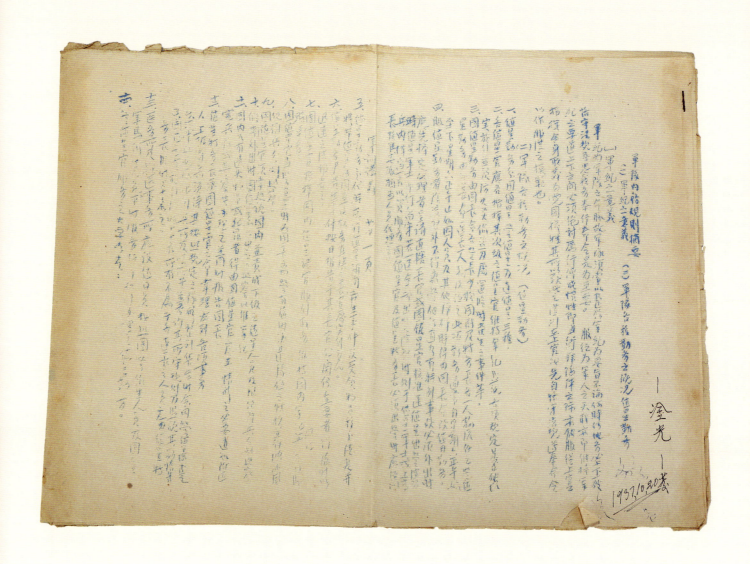

001

抗战时期东江纵队印发的军队相关工作册

纵 27.5 厘米，横 39 厘米

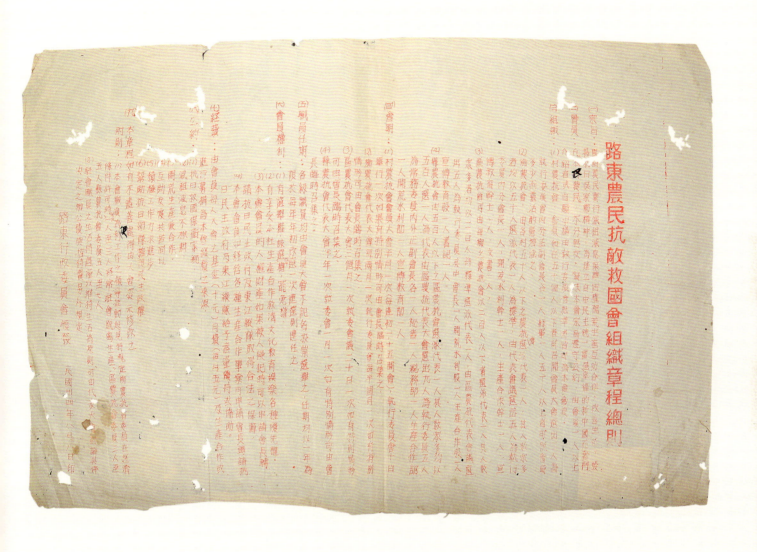

002

抗战时期路东农民抗敌救国会组织章程总则

纵 27 厘米，横 40.5 厘米

农民抗敌救国会，简称农抗会。抗日战争时期，东莞各区、乡在抗日民主政府支持下，大力发动群众，成立农抗会、青抗会等群众抗日团体，开展抗日救国运动。

003

抗战时期清溪乡政府翻印"十要运动"小册子

纵 12.5 厘米，横 13 厘米

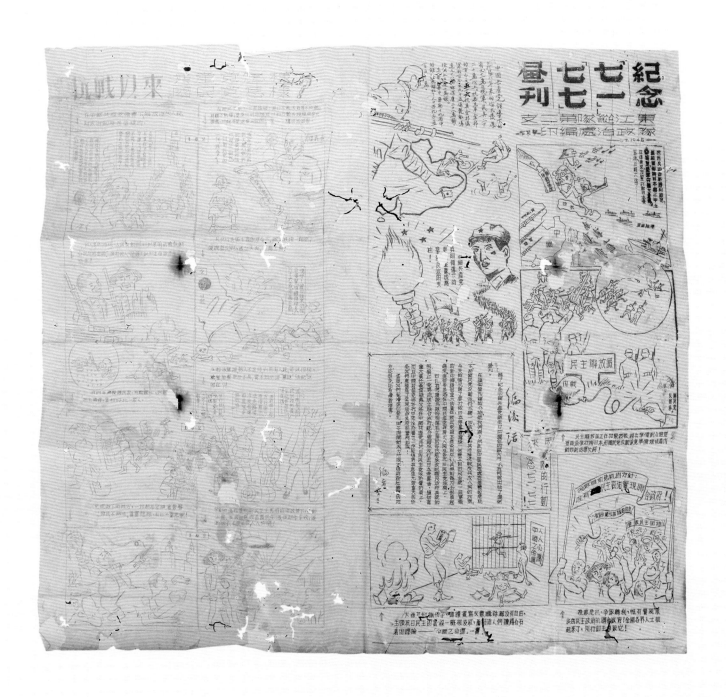

004

抗战时期东江纵队第二支队纪念"七一""七七"画刊

纵 51.5 厘米，横 56 厘米

1947 年 7 月 1 日油印，黄克北撤时留下。黄克（1919— ），又名黄汝添，广东东莞清溪土桥村人。1938 年 10 月加入中国共产党，同年 11 月参加东宝惠边人民抗日游击队。1944 年 3 月任东江纵队独立第三中队（代号"飞鹰队"）政治委员，率队在广九铁路以东的塘沥、凤岗地区开展游击战争，破坏日军沿线铁路和据点。1945 年 8 月任东江纵队路东第三战线指挥部政治委员，领导路东地区日军的受降。后参加解放战争及抗美援朝战争等。1955 年被授予少校军衔，1960 年晋升为中校军衔，1964 年晋升为上校军衔。

東江解放區路東行政委員會

關於展開文教運動的指示　路文字第〇四号

中華民國三十四年六月十五日

（一）根據各區報告材料：今年有些地區在文教運動方向上有了新的轉變及執行新民主主義的方針，在工作上獲得相當成績，文化教育普遍發展，工作者團結和积極起來，得到群众支持，使得生活改善，且粉碎對敵偽進行文化鬥爭，而保守著基正規做法的地方文化教育的情況却非常惡劣，就学人数減少，教師生活無法維持，敵偽乘即收些批判，因此有了初步轉变的地方反應繼續實行激流的轉变，还没有轉变的地方应從速實行轉变，切實执行的抗日民主和為人民服務的方針。

（二）當前路東文化工作，幹部教育放在第一位，因目前區鄉大多数幹部的主要缺点是對政策了解得太差，工作方式太單純化商單化，仍保留著某些國民党的壞影响，且鄉村幹部不够，所以各级領導部应重視這一工作：

甲　區政府应举办村長訓練班，和定期召開鄉村長联席会議，总結工作經驗，教育他们，提高他们的工作能力，改造他们的工作作風。

乙　鄉政府要經常召開鄉村行政人員聯席会議，並確立会議制度，學習制度，且要总結模範村長或鄉政人員的工作經驗，用這些活生生的例子来教其他。

丙　區鄉幹部应注意推动和帮助各民众团体举行座談会，檢討工作，总結經驗，以培養群众幹部。

丁　區鄉工作人員在推动民众工作時，应隨時留意工作中的积极份子教育他們，和动員他們参加民政教育各種訓練班。

（三）普遍展開群众性的文化運動，在依据群众需要和自願的原則去积极推动，同時在内容和形式方面要切实做到群众感得有意味。

甲　普遍發行大衆報紙：希望到各鄉行政村都有一份定期的黑板報，初期可以用政府工作人員助小學教師及民众团体来从作起注意培養民众對讀物以便逐漸做到“民尝報民尝看”在休息上意打破旧壁報的刻板一套，在内容上応就地取材，着重群众最关心的事情，用表揚好的，批評坏的来教育群众，在文字上也要群众感得懂，每期印两三份或两三百字左右可以。

乙　壁報，鄉政府和文協应出版半月或一週的定期壁報，在圩场人多的地方張貼，在形式和内容上之应份為民众着想。

丙　普遍開办民校，除了十分小的村落外，要在有神的成年的識字班或民校动員小學教師或當地知設份子或有能力担当的人来担任授課，在課程上应要听取群众的意見，要生活，即教球唱歌讀也可以总要合民衆口味，切忌把旧正规学校的一套搬上来。

丁　普遍展開讀報運動：政府人員应积極推銷前進報，路東新聞用計划地組織發行網，在没有發行到的地方，应設法推動在产發行到的地方，应推動組織讀報小組，讀報會，各种形式不拘，並推动他們写通訊，組織通訊網。

（四）建立可健全文協：

在沒有組織文協的地方，在推动文教工作者開座談会，務起成立文協，（名稱要統一）在那已有了文協組織之處，應成立全面委会，做成立起來則在法处，範圍工作。

（五）壁转学校教育：

甲　举办小教師和學生登記，切实摸得到各校的團员，加强学校的可政府的联系。

乙　召開學校師座談会，討論新教育方針和改変作風問題，打破建正規觀念，用新民主主義的新教风去代替旧教育从前的旧作風。

丙　吸收教材多，各区的初等有教育經驗，且对新民主主義及十大政策有相當認識的文教工作者参加教科书審編委員会，下學期要保証会按改用新課本。

丁　建立模範小学：應政府之選擇一所小學和設備較好的小学着力整頓，改善教育學生作風，帮助他們建立自我學習制度，讓課外小組，公社制度，讓組織小兄生制，課外服務組等以培養新民主主義精神。

戊　普設中學，凡東江聯合中學較遠，且就学青年比多的地方，区政府应推動当地鄉士名流，務起筹办中学，政府在切实幫助，私立或私办公助不可。

己　改造私塾，和小学同在一般村落式市坊的私塾应取消，在文化閉塞的小村裡的私塾則儘改造，要改用新課本，調整師資訓練，禁止要兒童讀四書五經如不能全剛剛时間由這小学和私塾都没有且民族質素的小村落應提憑受了學校制度或由学生半天做教师做工天讀書或由学生家人為教師做工。

庚　對農教師和長期訓練以一般一次的原則，寒暑假亦可以。

辛　區文教科应隨時到鄉召開小学教师，並研文化工作有座談会，討論和檢討鄉鄉教育工作。

壬　新接恩未復的收復，可參照旧的放署假，其他如冬日暑規定由區料情由决定是否放假臨時通知。

（六）加强瓦敵偽组织工作：今後該積極進行這工作，要用各種性方式去說明下面的要点和要旗：

A　抗戰快要到来，完敗单民說回結起来，切実準備。

B　法西斯陣營即奔必然崩敗，民主必然勝利。

C　共产党擁護國民党政，幾主義的，擁護國民党政，从揭討日反攻是以中共為主大家澄清旧的正規観念，堅定民主勝利的信心：

戊　紛述偽悪愛滅亡，當偽軍任偽就是没有前途的，执行国民党的“曲線救国，政策更没有前途，附敵的人最好正来為低级偽瓦解。

己　對偽政府為偽份子的行為要从人民和高度地方的，揭露他们在残害的陰謀，列举他们在路東已做些惡的罪惡。

（七）過去有些區鄉政府用忙於其他工作為由，对文教工作不開不顧，把文教工作和其他工作的難用開来，甚至对立起來，這是錯誤的，今後該切实执行文教為對敵鬥爭，民主建設，生產建設和為人民服務的方針，使他各頂工作配合起来這是今後大家應注意。

各區政府文教股今後在执行以上工作過程中，並定期（每星期一次）写報告来東行政D。

主席葉鋒

文教科長 黄福枝

清溪乡文化界合作书店招股简章

005
抗战时期东江解放区路东行政委员
会关于开展文教运动的指示

纵 44.5 厘米，横 27.5 厘米

006
抗战时期清溪乡教抗会的清溪乡文化
界合作书店招股简章

纵 24 厘米，横 18 厘米

007
抗战时期路东新三区政府向群众借钱
借谷的借据和账单

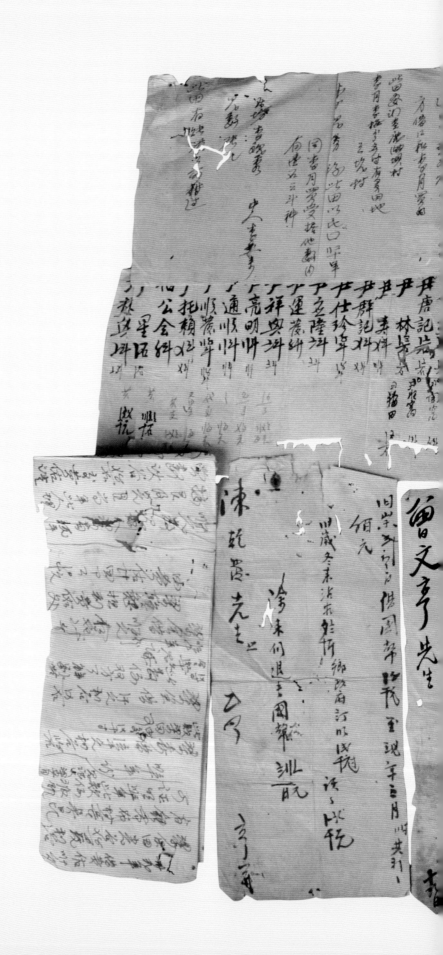

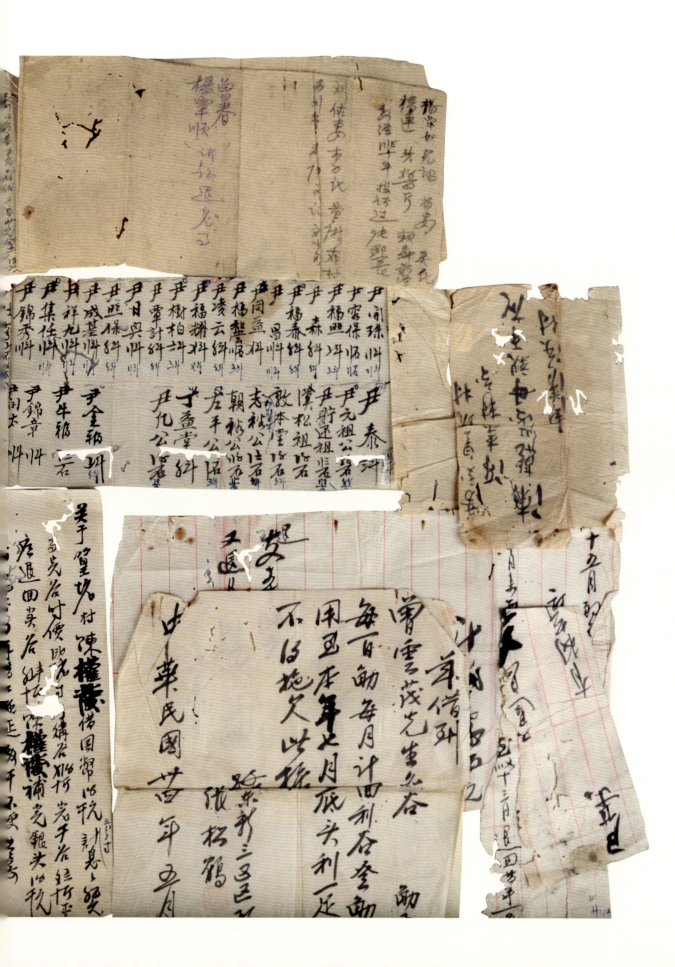

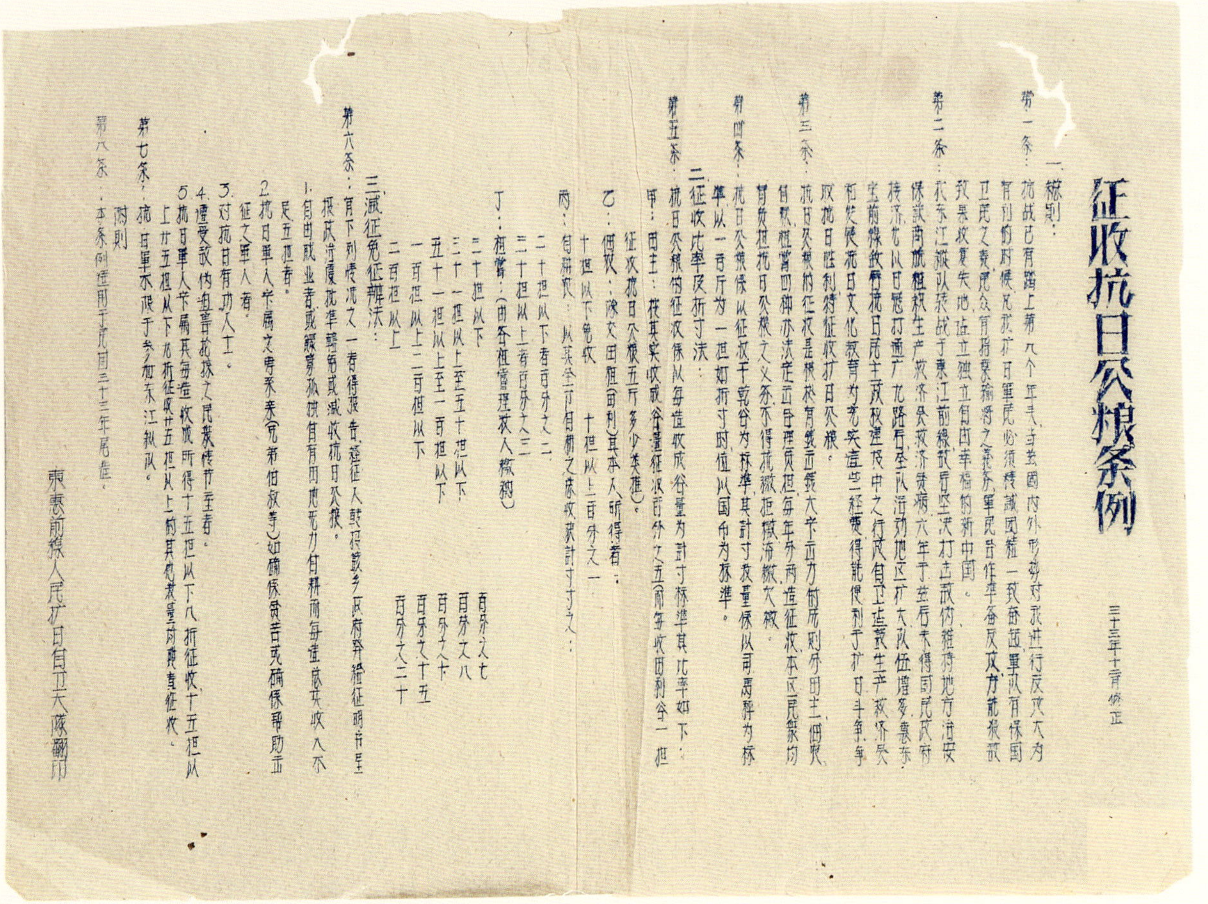

征收抗日公粮条例

三十三年十二月修正

一、总则：

第一条：抗战已有踏上第八个年头，当此国内外形势对我进行反攻大为有利的时候，凡我抗日军民必须精诚团结一致奋起，军队有保卫民众之责，民众有拥护军队之义务，军民合作准备反攻，才能根本救我民族，收复失地，建立独立自由幸福的新中国。

第二条：我东江纵队从抗战于东江前线，敌后坚决打击敌伪，维持地方治安，保护商旅，扶植农村生产，救济灾难，六年于兹，今后更得同民众救济人民……

第三条：抗日公粮的征收是根据有钱出钱有力出力的原则……

第四条：抗日公粮系以征收干谷为标准，其计算数量系以司马秤为标准，以一百斤为一担，如折时值以国币为标准。

二、征收比率及折算法：

第五条：抗日公粮的征收系以每造收成谷量为计算标准，其比率如下：

甲：田主：按其实收成谷量征收百分之五（即每收田租谷一担……）

乙：佃农：除交田租（田租）其本人所得者：

十担以下免收　十担以上百分之一

征收抗日公粮五斤（多少类推）。

丙：自耕农：从其全户自耕之总收获计算之：

丁：租管：（由各祖尝理收入总额）

二十担以下者百分之二　百分之七

二十担以上者百分之三　百分之八

二十担以下　百分之十

三十一担以上至五十担以下　百分之十五

五十一担以上至一百担以下　百分之十五

一百担以上二百担以下　百分之二十

二百担以上

三、减征免征办法：

第六条：有下列情况之一者得报告、经征人或乡区政府证明后呈报政府准予免征或减收抗日公粮。

1. 自由职业者或鳏寡孤独有田地无力自耕而每造总收入不足五担者。

2. 抗日军人家属之男丁（兄弟伯叔等）如确系贫苦或确系帮助正征之军人者。

3. 对抗日有功人士。

4. 遭受敌伪迫害抢掠之民众核节至者。

5. 抗日军人家属其每造收成所得十五担以下八折征收，十五担以上廿五担以下九折征收，廿五担以上的其他款量得照章征收。

第七条：抗日军不限于参加东江纵队。

附则

第八条：本条例适用于民国三十三年尾造。

东惠前线人民抗日自卫大队翻印

008

抗战时期东惠前线人民抗日自卫大队印发的《征收抗日公粮条例》宣传单

纵 19.8 厘米，横 27 厘米

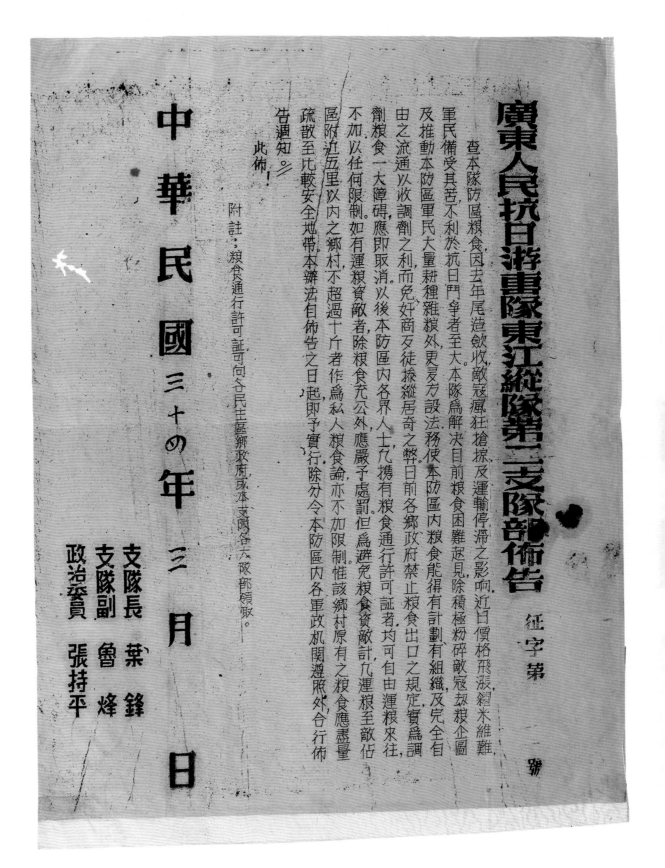

廣東人民抗日游擊隊東江縱隊第二支隊部佈告　征字第　一　號

查本隊防區糧食因去年尾造歉收，敵冦瘋狂搶掠及運輸停滯之影响，近日價格飛漲糴米維難，軍民備受其苦不利於抗日鬥爭者至大。本隊為解決目前糧食困難起見，除積極粉碎敵冦刼糧企圖及推動本防區軍民大量耕種雜糧外，更复方設法務使本防區內糧食能得有計劃有組織及完全自由之流通以收調劑之利，而免奸商奸徒掠縱居奇之弊日前各鄉政府禁止糧食出口之規定，實為調劑糧食一大障礙應即取消。以後本防區內各界人士凡携有糧食通行許可証者均可自由運糧至敵佔區附近五里以內之鄉村，不超過十斤者作為私人糧食論亦不加限制。惟該鄉村原有之糧食應盡量疏散至比較安全地帶本辦法自佈告之日起即予實行除分令本防區內各軍政機關遵照外合行佈告週知。

此佈！

附註：糧食通行許可証可向各民主區鄉政府或本支隊各大隊部頒取。

中華民國　三十　の　年　三　月　日

支隊長　葉鋒
支隊副　魯烽
政治委員　張持平

009
抗战时期《广东人民抗日游击队东江纵队第二支队布告》
纵 37 厘米，横 29 厘米

010

抗战时期东江纵队第一支队"大家起来为
保卫粮食而战"宣传画

纵 17.3 厘米，横 25.3 厘米

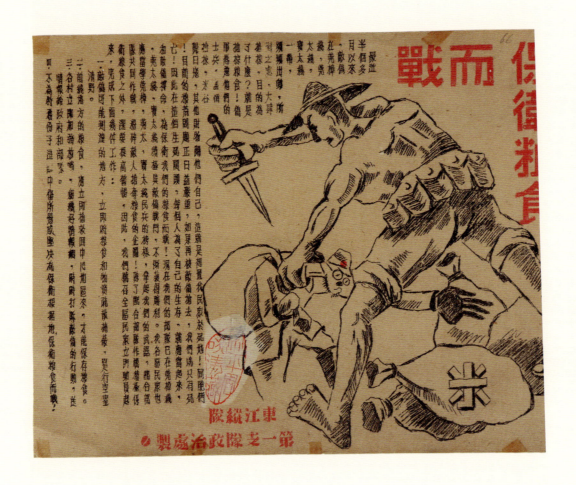

011

抗战时期广东人民抗日游击队东江纵队政治部关于减租减息的布告

纵 43 厘米，横 37 厘米

减租减息是中国共产党在抗日战争时期处理土地问题的基本政策。东江抗日根据地
的减租减息工作，是在东江纵队成立后逐步展开的。1944 年 12 月，中共东江纵队
政治部发布了《关于展开减租减息运动的指示》。按照指示条例，东江抗日根据地的
减租减息运动如火如荼地开展起来。减租减息运动保障了广大农民群众的切身利益，
增强了他们的政治觉悟，使得他们的生产积极性大大提高，更加拥护抗日民主政权。

廣東人民抗日游擊隊東江縱隊政治部佈告　治字第〇〇九號

為佈告事：抗戰以來，端賴全國各階層團結一致，合力禦侮得以堅持八載，我國農民佔人口最大多數，為抗戰之主要支持者，從來

即貧不聊生，戰後更遭蹂躪，設若生活不能維持，安能出力作戰？各地普遍展開減租減息運動，以期集力殺敵，實屬必要且因生活改

善吏勞動熱民為高生產業必遭發達，治安對地主土匪特無擾抑且有利並從而奠定戰後建國之基礎，中國共產

黨之土地政策為一面交租交息保障地主土地所有權，一面減息保障農民佃權，照顧雙方利益，使地主農民之關係獲得合理調

整，實為團結貧富合力抗戰之重要措施，完全符合中山先生民主義之原則，與中國共產黨團結抗日的政策，以求加強作戰早獲勝

利，使垂亡之日寇一鼓敗滅，爰根據中國共產黨之土地政策，參酌本區情況，訂定「本區減租減息暫行條例」，頒佈施行，仰各階層人等

一體遵照，毋得抗怨致干法令，否則決嚴究不貸，切此。

此佈

減租減息暫行條例

甲、減租

(一)減租照抗戰前原租額（實交租額）減低百分之二十五（二五減租）為原則，實行減租後禁止以任何藉口抬高原租額，地租一律於產物

收穫後交納，出租人不得向承租人預收地租，並不得索取額外報酬，多年欠租應予免收，定租（鐵租）因天災人禍且收成之全部為大部

(二)承租人在減租後能力可付租而無故不交租者，地主有權照原租額收回土地之權

(三)在減租期滿，承佃或出典新主不得另佃他人

(四)九地尚未歸還成買賣關係者，承佃人有依法處置抵押品之權，抵押品之價格應按借貸契約後之時價為定

原承租人有繼續佃耕之權，非原約期滿新主不得另佃他人

(五)抗戰後成立之借貸關係，因天災人禍及其他不可抗力原因，務人無力償還行償約時，得商求政府調處，酌量減息免息還本

(六)族地（會田）由本族本社人員組織管理委員會管理之

乙、減息

(一)減息是由於抗戰前成立之借貸關係，以一分半為計付息標準，如付息超過一倍者停付；至於抗戰後的息額，

最高不得超過三分，減息後舊戶不肯借貸給貧民，債權人不得因減息而解除借貸契約，債戶亦不得在減息拒不付息；由政府召集雙方加以調劑，延長佃租與月利息

(二)九於抗戰後成立的借貸關係，債務人到期不能付息還本者，債權人有依法追還債務之權

(三)在抗戰尚未歸還成買賣關係者，承佃人有依法處置抵押品之權

(四)典地尚未歸還成典當者，出典人可隨時提高典價償依約回土地之辦法，如已轉成買賣關係者，不得贖回佃因紙幣族

原承租人有繼續佃耕之權，非原約期滿新主不得另佃他人

(附則)如因減租減息發生糾紛，由地主農民政府調處之

中華民國 三十〇年 三 月 日

政治委員　林　平

政治部主任　楊康華

012

抗战时期东江纵队邬强大队战士在马山战斗时使用过的子弹带

残　长 21 厘米，宽 9 厘米，厚 2.5 厘米

马山战斗：1944 年 5 月 7 日，盘踞广九铁路樟木头的日军加藤大队 500 余人，秘密奔
袭东莞县梅塘乡龙见田村的东江纵队领导机关，王作尧、邬强等率军登马山尾主峰指
挥作战。敌我双方在马山展开激烈战斗，战斗持续至黄昏时分，日军败退，大队长加
藤剖腹自杀，10 多名日军士兵亦自杀死去。

013

抗战时期东江纵队"模范队"队员留下的子弹

长 8 厘米，直径 1 厘米

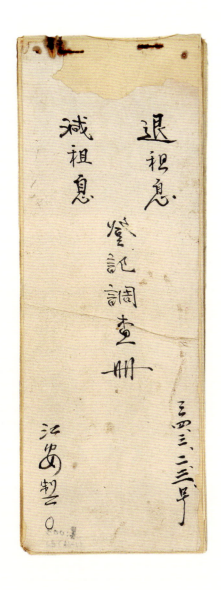

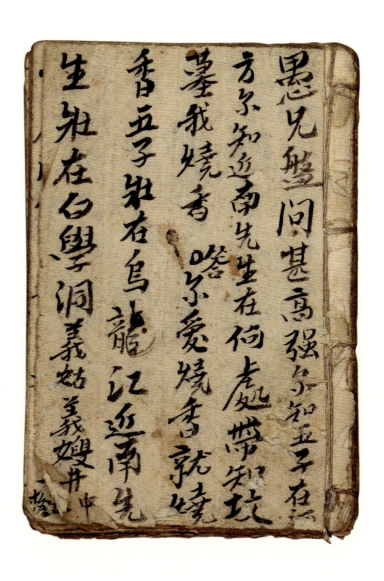

014

抗战时期抗日民主政权"退租息
减租息"登记调查册

纵 15.5 厘米，横 9 厘米

015

抗战时期群众创作的爱国山歌手册

纵 10.5 厘米，横 7 厘米

黄克北撤时留下，1959 年 2 月 28 日江福粦家征集。

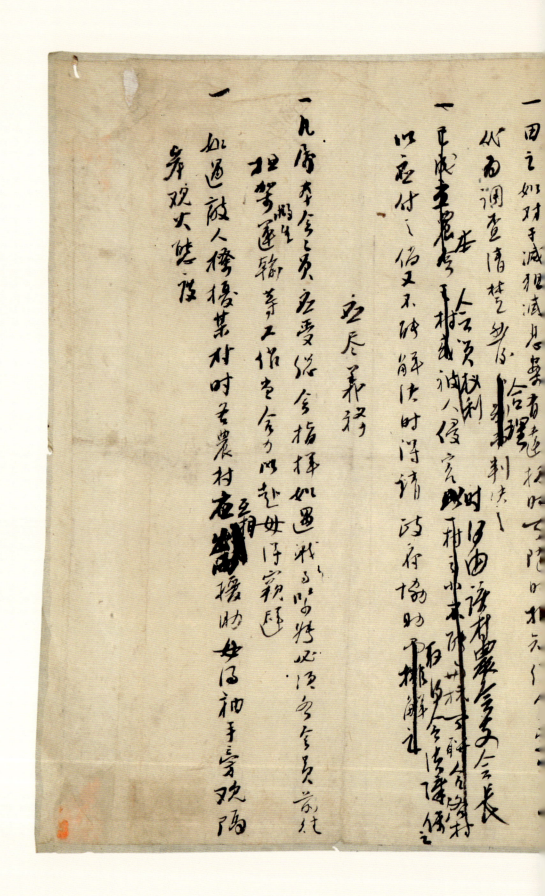

016
抗战时期农民抗敌会简章
纵 24.5 厘米，横 17 厘米

農民抗敵會簡章

宗旨

一　本會為解決農民痛苦保障其一切權利而設凡關于墾荒
　生產利植牧等項無不提力扶助而促進之

入會手續、並資格

一　招各入會人入會時先自徵納卷...先(一項...)
一　入會須每月須納月費壹元●率端村你費用一年交送會
　以應辦此之用負于本者承繼邀送會
一　凡屬耕田人不論男女先幻如有抗敵意志而引佢释此皆同
　加不為本會為會員、

享受權利

一　凡本會會員如有爭執事情不能解決時予特補助會而辦理
一　凡有所定之減租減息儘倒本會員免一样遵引但你戴权

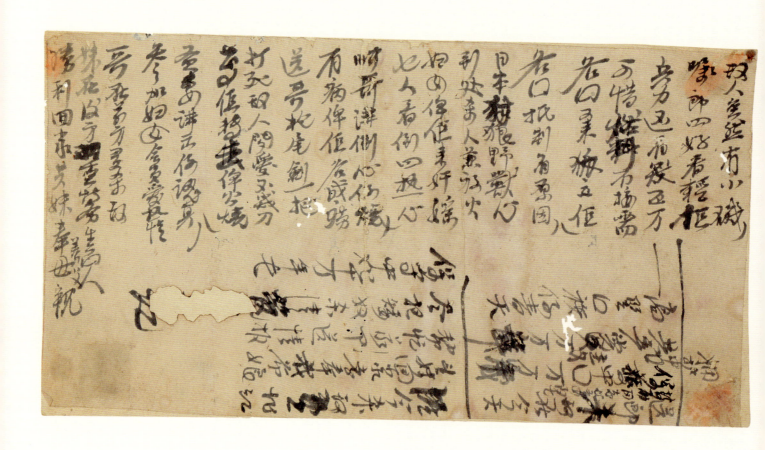

017

抗战时期东江纵队战士创作的抗日诗歌

纵 13 厘米，横 35 厘米

018

抗战时期东莞县第二区民众抗敌后援会证章

直径 3.1 厘米，厚 0.16 厘米

019

抗战时期东莞县第五区抗敌后援会第一工作团翻印白话剧本《米》

纵 17 厘米，横 19.5 厘米

020

抗战时期东江纵队第二大队发行的一百
元生产建设公债

纵 11.2 厘米，横 18 厘米

021

抗战时期东江纵队第一支队政
治处编抗战《新闻画报》剪报

纵 21.2 厘米，横 22.9 厘米

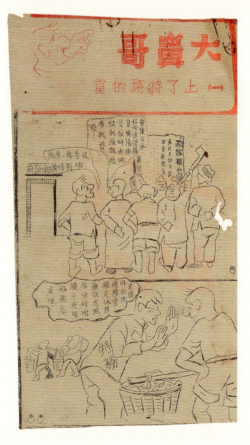

[伍] 解放战争文物

　　全国解放战争时期，中共东莞地方组织领导和团结东莞人民，进行艰苦卓绝的解放斗争，并配合南下野战军解放东莞全境，取得了东莞地区新民主主义革命的伟大胜利。

　　东莞市博物馆藏有解放战争时期的文物 176 件，主要为当时的文件、书刊和传单等，数量虽不多，却是东莞解放这一重大历史事件最直接的见证者。

收法並訂定稅率條例列下：

（甲）出口稅——

（一）牲畜類收百分之二十五；

（二）藥味藤類收百分之二；

（三）農產品類收百分之八；

（四）出貨（半天病头草）收百分之六；

（五）豆類（死料菉荳）收百分之十；

（六）生西柴炭收百分之二十五，

（乙）入口稅——

（一）布類（綢緞、藤綢蚊帳等）收百分之二十五，

（二）鹽（每百斤計）收三百元（二十斤起纔打稅）

（三）竹器、木材收百分之二十；

（四）土酒類收百分之壹五；

（五）瓶、菊粉、麥收百分之五，

（丙）固定營業稅——

國定營業稅——

（丁）煙酒屠宰稅——

屠宰（牛豬每只不论大小）

本处改善商人起見，凡有稅率附收之捐亦一概免收，特訂优待商賈條列于下：

中華民國三十四年十月一日起施行，希勿遵照執行。

中華民國三十四年十月一日

主任　蕭英
副主任　張華

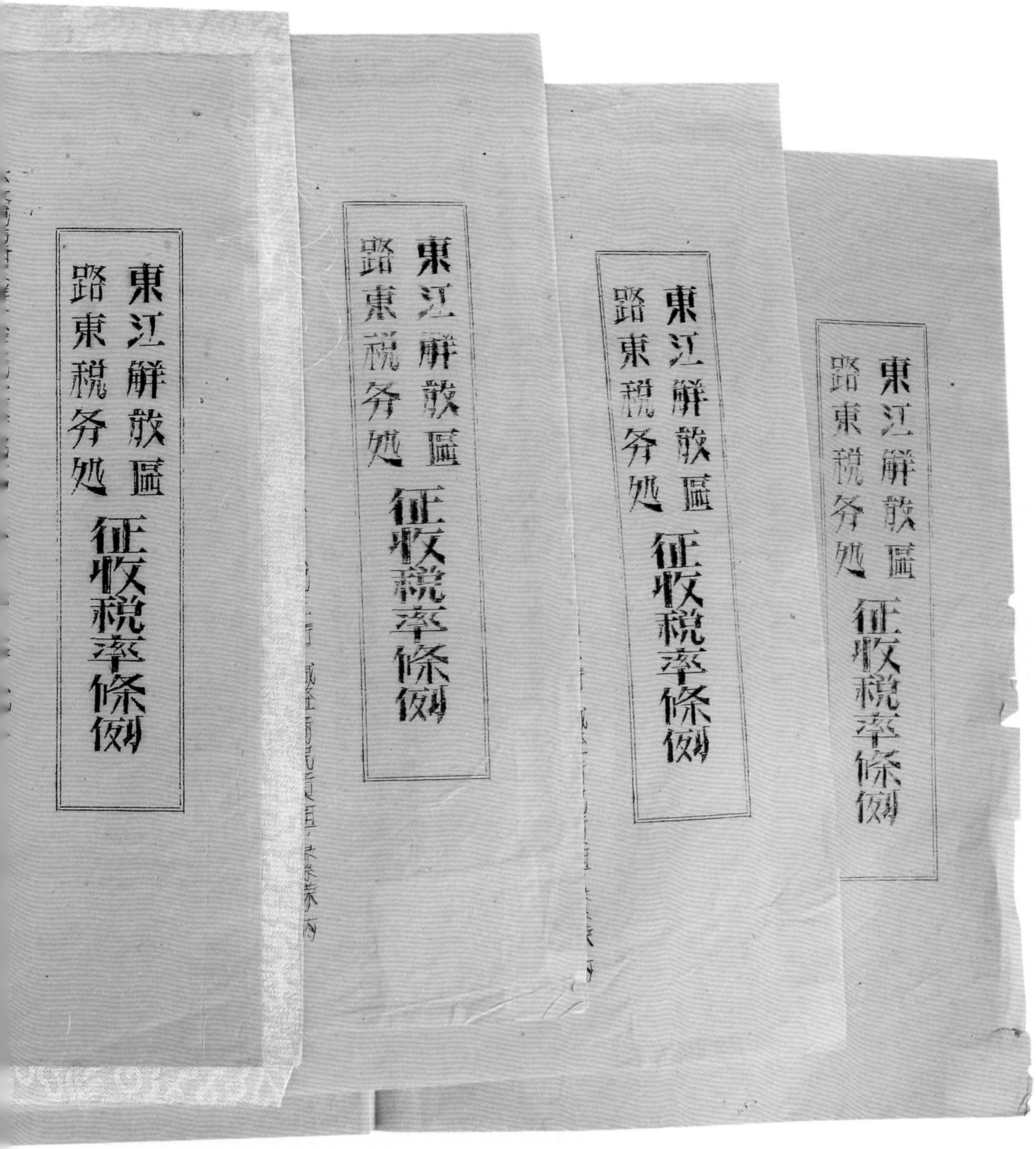

東江解放區
路東稅務处
征收稅率條例

東江解放區
路東稅務处
征收稅率條例

東江解放區
路東稅務处
征收稅率條例

東江解放區
路東稅務处
征收稅率條例

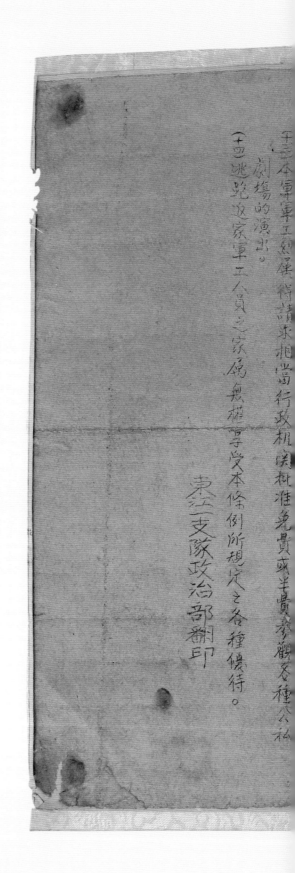

（十二）本軍軍工烈屬得請求相當行政機關批准免貴或半貴參觀各種公私劇塲的演出。

（十三）逃跑返家軍工人員之家屬無權享受本條例所規定之各種優待。

東江支隊政治部翻印

002

解放战争时期粤赣湘边纵队政治部

《优待军工烈属暂行条例》

纵 27 厘米，横 38.5 厘米

中國人民解放軍

西南軍區暨湘鄂邊縱隊　政治部優待軍工烈屬暫行條例

（一）本軍軍工烈屬被敵偽搶了房、搶了財物、迫繳罰谷、或懸紅谷以致無法居食者，或戰勤者財產被敵人部份，政治部即設法救治，使其居有屋、餐有糧，並將沒縣借資本或戰勤者財產被敵人部份，作為補償費。

（二）本軍在戰軍工人員之妻，未徵其夫同意，不得離婚，如有迫賣為娼者，徐應負進向及賠償責任外，並應受人民政府適當之處分。

（三）人民政府應特別尊重賞賜軍工烈屬走個權，及一切財權作軍工烈屬如被他人欺凌，各級政府部以保護。

（四）本軍軍工烈屬古、有政府部隊或團將慰勞救濟借貸幫耕及幫收之優先權球努勤、或府其他者，由人民政府或農會員責解決之，因老弱殘廢而無勞動力又無依靠者，其生活全由人民政府或部隊負責解決之。

（五）本軍軍工烈屬子弟而貧苦不能入學者，人民政府准其免費入學，在情況許可下，人民政府應專設軍工烈屬公費學校（小學或中學）。

（六）貧苦軍工烈屬患病前往公之醫院療病，享有免費或半費之權。

（七）每逢年節及遇軍工烈屬有喜慶事件，各級人民政府、部隊首長、或團體，負責人須向軍工烈屬致慰問（如拜年）及送禮。

（八）本軍軍工烈屬病故、因貧窮無法營葬者，人民政府或部隊應負責或發動群眾募捐行其葬費。

（九）本軍貧苦烈屬每（或分兩期）可得穀、鄉谷五百司碼斤，持團部或縣政府證明書，可直接向縣政府或鄉政府領取之，犧牲同志者火可入宗祠族人不得歧視，以後分回時、其個人仍可分一份歸其妻子、父母或胞兄弟所有。

（十）本軍軍工探親，其伙食由部隊負責，首餐菜費等於半斤豬肉以後各餐菜費等於部隊適當津貼。

（十一）本軍貧苦軍工烈屬得請求人民政府根括法令、於實行減租減息時減或免減交免交公糧。

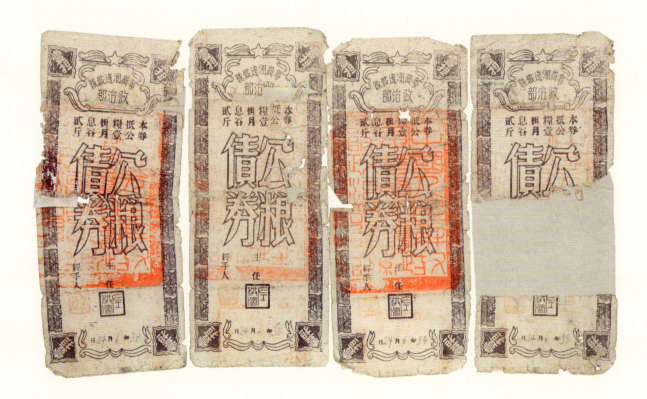

003

解放战争时期粤赣湘边纵队政治部发行的公粮债券

纵 17.8 厘米，横 7.8 厘米

解放战争时期，各地革命政权曾发行公债，粤赣湘边纵队于 1948 年发行公粮债券 15 万担，面值分 1 担、5 担两种（当时按谷物定量），偿还期限分夏收秋收两次偿还。

004
解放战争时期南方人民银行发行的纸币
纵 6.3 厘米，横 12.5 厘米

1949 年 4 月，中共华南分局经请示党中央同意，筹备建立南方人民银行。1949 年 7 月 8 日，南方人民银行总管理处在广东省揭西县河婆镇成立。7 月 20 日对外营业，南方人民银行在潮汕、东江、梅州设立分行，分行下设 7 个支行，12 个办事处，连同香港机构宝通行共 24 个行处。随着中国人民银行分支机构相继建立，南方人民银行三个分行于 1950 年 1 月 1 日和 4 月 1 日相继宣告结束，至此，南方银行完成其历史使命。1950 年 5 月 20 日，中国人民银行广东省分行根据总行的指示，收兑南方券并就地销毁。由于回收非常彻底，至今存世极少。

005

解放战争时期黄河区赠红山支部"扩党模范"红布旗

长62厘米，宽50厘米

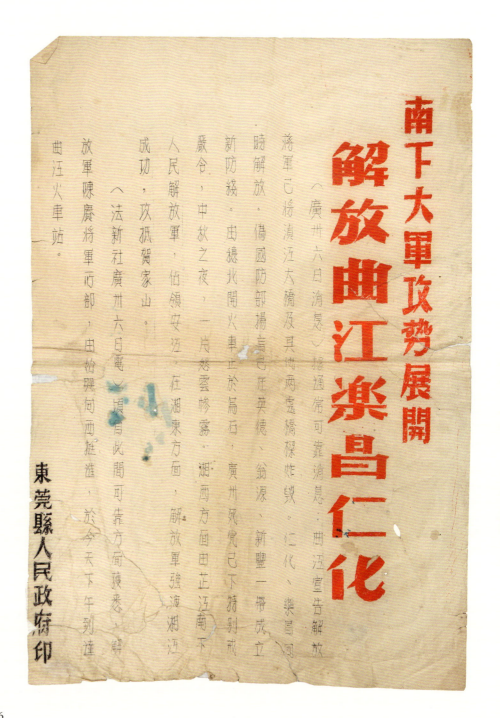

006

解放战争时期东莞县人民政府印发的《南下大军攻势展开解放曲江乐昌仁化》传单

纵 39 厘米，横 27.5 厘米

为迅速彻底消灭国民党军队的残余势力，解放广州和华南，1949 年 8 月 1 日，中共中央决定组成以叶剑英为第一书记的新的中共中央华南分局。同时确定由中国人民解放军第二野战军第四兵团和第四野战军第十五兵团组成独立兵团，由叶剑英、陈赓统率，进军华南，担任消灭余汉谋集团，解放广东全境的任务。9 月 28 日，叶剑英、陈赓签发《广州外围作战命令》，决定由第四兵团的三个军组成右路军，由第十五兵团的两个军组成左路军，由两广纵队、粤赣湘边纵队、粤中纵队组成南路军；先歼灭曲江、翁源、英德地区的敌人，然后迅速南下，在广东人民武装协同下会攻广州，解放全广东。

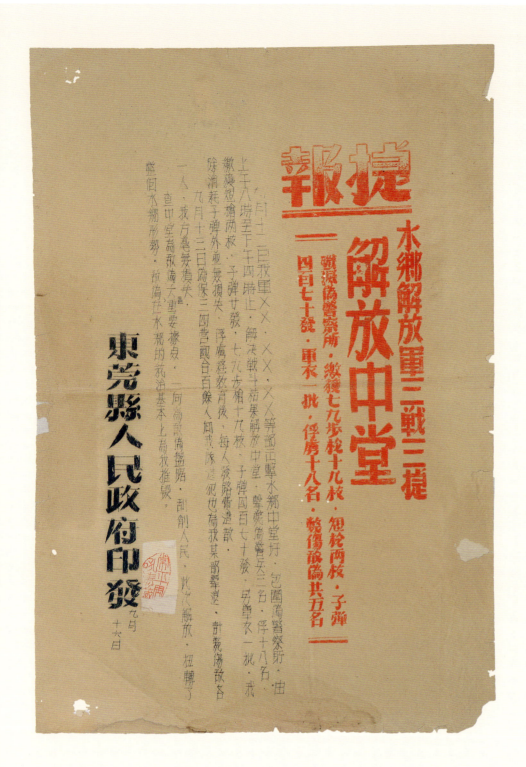

007

解放战争时期东莞县人民政府印发的《水乡解放军三战三捷解放中堂》传单

纵 39 厘米，横 27.2 厘米

传单反映了解放中堂的情况。1949 年 9 月 13 日，东一支三团蛟龙、青龙、过江龙三个连队
击退进犯中堂的国民党县警第三大队第三、四营，解放中堂。

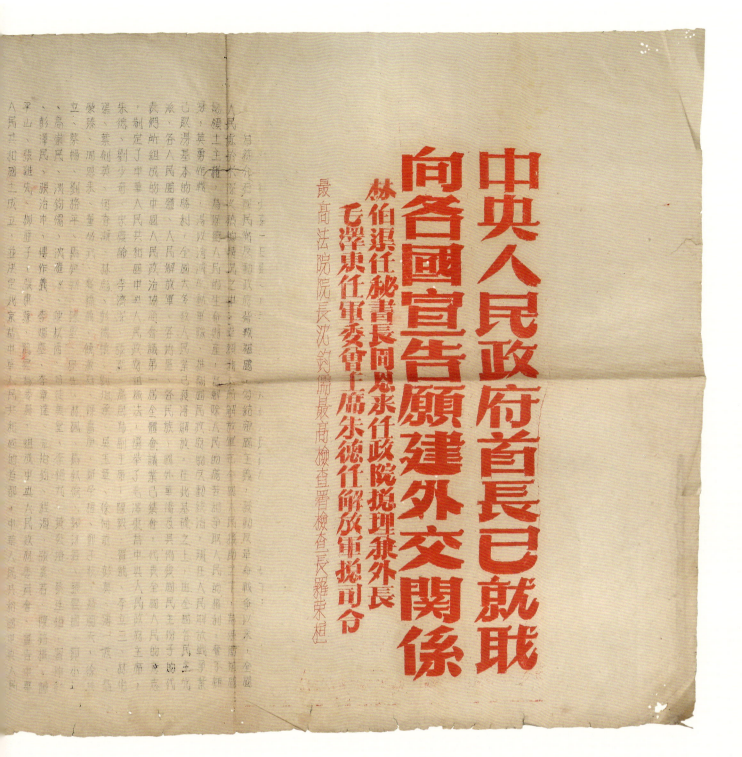

008
解放战争时期东莞县人民政府印发的《中央人民政府首长已就职向各国宣告愿建外交关系》传单

纵 39 厘米，横 54.5 厘米

009

解放战争时期《东莞县军事管制委员会布告》

纵 78.6 厘米，横 54 厘米

这张布告为张况先生捐赠。《东莞县军事管制委员会布告》（1949 年 10 月 17 日），成为明确东莞解放日期重要的证据。当时还是东莞中学学生的张况，接到了四处张贴发放解放公告的任务，意识到这张公告的价值所在，于是留藏了一份。2005 年，当他看到《东莞日报》刊登东莞市博物馆征集文物的消息，无偿捐出了这份他珍藏了 50 多年的布告。

1949 年 10 月 17 日，中共东莞县委、县人民政府由解放区大岭山迁入莞城，接管东莞县政权。同时，东莞县军事管制委员会成立。祁烽任主任，杨培、卢焕光、麦定唐任副主任。县军管会成立东莞城防警备总队，维持莞城社会治安，总队长为何棠，政治委员为杨培。东莞县委书记卢焕光，县长杨培，副县长袁卫民。

附布告原文：

现奉

中国人民解放军粤赣湘边纵队东江第一支队政治部令：

东莞全县已经解放，现为接管一切敌伪军政机关，没收官僚资本，镇压反动，肃清匪特，维持地方治安，巩固革命秩序，特建立东莞县军事管制委员会，暂行实施军管制度，并委任祁烽为该会主任，杨培、麦定唐、卢焕光为副主任。

我等接受任命，即日组织成立开始工作，现全国即将解放，建设急待开始，望我党政军民，各界人士，遵守法令，协助本会达成军管任务，切勿轻信谣言，自相惊扰，并应加紧努力，继续支援前线，以期解放战争早日彻底胜利。切切

此布

公元一九四九年十月十七日

主　任 祁 烽

副主任 杨 培

　　　　麦定唐

　　　　卢焕光

東莞縣軍事管制委員會佈告

管秘字第〇〇一號

現奉

中國人民解放軍粤贛湘邊縱隊東江第一支隊政治部令：

「東莞全縣已經解放，現爲接管一切敵僞軍政机関，沒收官僚資本，鎮壓反動，肅清匪特，維持地方治安，鞏固革命秩序，特建立東莞縣軍事管制委員會，暫行實施軍管制度，並委任祁烽爲該會主任，楊培、麥定唐、盧煥光爲副主任」。

我等接受任命，即日組織成立開始工作，現全國即將解放，建設急待開始，望各界政軍同人，各界人士遵守法令，協助本會達成軍管任務，切勿輕信謠言自相驚擾，並應加緊努力，繼續支援前線，以期解放戰爭早日澈底勝利。切切

此佈

公元一九四九年　　月　十七　日

主任　祁烽
副主任　楊培
麥定唐
盧煥光

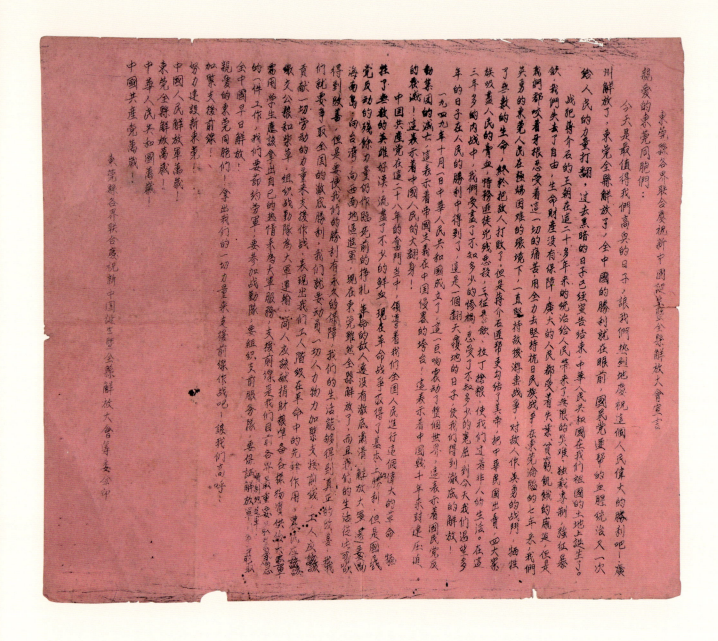

010

解放战争时期《东莞县各界联合庆祝新中国诞生暨全县解放大会宣言》

纵 23.5 厘米，横 27.5 厘米

此宣言为东莞县各界联合庆祝新中国诞生暨全县解放大会筹委会印。1949 年 11 月 2 日，东莞中山公园（今东莞人民公园），红旗招展，锣鼓喧天。各界人民代表、团体、机关、学校、部队等两万多人在此隆重集会，庆祝新中国诞生暨东莞全县解放，从此掀开了东莞历史的新篇章。

011

解放战争时期东莞县军事管制委员会编《战斗快报》

纵 39.1 厘米，横 27.5 厘米

[陆] 新中国成立初期文物

　　1949 年 10 月 17 日，中国人民解放军粤赣湘边纵队东江第一支队第三团进入莞城，东莞宣告解放。新中国成立初期，人民政府采取了一系列措施稳定金融物价，恢复工商业，解放生产力，发展农业生产，保卫国家的独立和安全，巩固了新生的人民政权。

　　东莞市博物馆藏新中国成立初期文物约 196 件，这批文物种类繁杂，信息丰富，涉及建国后东莞土地改革、抗美援朝等重大历史事件，是研究东莞建国初期历史不可多得的珍贵材料。

土地改革　东莞县土改开始于 1951 年，1952 年土地改革正式开展，全县九个区，各区均有一支土地改革小分队，区内的乡由点到面，分三批进行。工作队到乡后，原有的村干部被清理，重新组织队伍。经过没收、征收后，再分配财物与土地。东莞县重新划分为 15 个区，224 个乡，于 1953 年 4 月中旬，全县土改复查工作全部完成。随即以农协为基础，成立仗田发证委员会，进行丈量土地，登记发证工作，以乡为单位召开群众大会焚毁旧田契，颁发新土地证。全县没收地主土地 995278 亩，无偿分给无地及少地的劳动人民，实现了"耕者有其田"的愿望。

001

土改时期蔡秀记述土改工作笔记本

纵 13.5 厘米，横 9.5 厘米

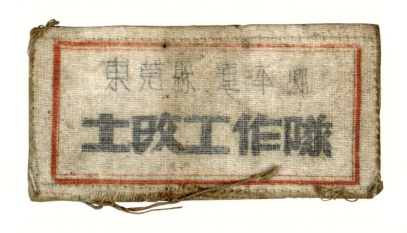

002

土改时期东莞县连平乡土改工作队章

纵 5 厘米，横 9 厘米

003

粤中土改工作团证章

直径 2.5 厘米，厚 0.11 厘米

新中国成立初期的工商业

004

1951 年中国食品工会广东东莞糖厂委员会证章

直径 2.9 厘米，厚 0.16 厘米

东莞糖厂筹建于 1935 年，1936 年 1 月 16 日投产，设备均从捷克斯可达厂进口，糖厂曾派工程师前往捷克学习制糖工艺。新中国成立后，广东省军事管制委员会派出以白烽为首的军事代表小组，于 1949 年 10 月 27 日接管东莞糖厂。

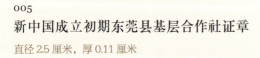

005

新中国成立初期东莞县基层合作社证章

直径 2.5 厘米，厚 0.11 厘米

006

新中国成立初期东莞县第十区供销合作社证章

直径 2.7 厘米，厚 0.1 厘米

007

20 世纪 50 年代石龙火柴厂生产的孖枝牌火花

纵 3.5 厘米，横 4 厘米

008

20 世纪 50 年代广东石龙火柴工业合营社生产的工厂牌火花

纵 3.5 厘米，横 5.4 厘米

009

20 世纪 50 年代广东石龙火柴合营社生产的
泰兴牌火花

纵 12.5 厘米，横 8.7 厘米

010

20 世纪 50 年代石龙镇火柴工业合营社生
产的南方牌火柴

长 4.4 厘米，宽 3.7 厘米，高 1.8 厘米

名人遗物

李云祥 (1930—1952)，东莞高埗上江城人。14 岁入伍，成为东江纵抗日小兵；17 岁开坦克，是解放军第一批坦克兵；22 岁入朝参战，1952 年 10 月，在掩护坦克时被炮火击中，长眠在朝鲜铁原。

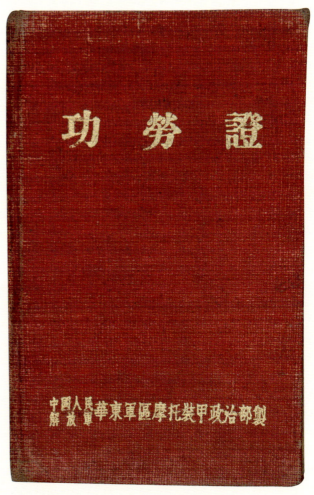

011

抗美援朝时期李云祥生前与战友合影照片（左为李云祥）

纵 4 厘米，横 5.7 厘米

012

1951 年 3 月中国人民解放军华东军区摩托装甲政治部颁发给李云祥的功劳证

纵 10.8 厘米，横 15.5 厘米

光榮犧牲，豐功偉蹟永垂不朽，其家屬當受社會上之尊崇。除依中央人民政府「革命軍人犧牲病故褒卹暫行條例」發給卹金外，幷發給此證以資紀念。

主席　毛澤東

一九五〇年八月四日

中華人民共和國中央人民政府之印

蒋光鼐（1888—1967），字憬然，东莞虎门南栅村人，是我国近代史上赫赫有名的爱国将领，参加过辛亥革命、反袁斗争、北伐战争、抗日战争等。1932年"一·二八"事变爆发，蒋光鼐作为十九路军总指挥，以国家民族利益为重，率部奋起反抗。十九军和随后参战的第五军抛头颅、洒热血，死守淞沪三十余天，沉重打击了日军夺取上海的阴谋，极大鼓舞了全国人民抗战的勇气和信心。抗战胜利后，蒋光鼐参与创建中国国民党民主促进会和中国国民党革命委员会，筹备并参加中国人民政治协商会议第一届全体会议。新中国成立后，蒋光鼐曾任民革中央常务委员、北京市政协副主席，致力于祖国统一战线工作。1952年至1967年，担任纺织工业部部长，为发展我国棉纺织实业，为建设新中国作出了重大贡献。

014
新中国成立初期蒋光鼐使用的中南海出入证
直径 2.7 厘米，厚 0.1 厘米

015
新中国成立初期蒋光鼐使用的中国纺织工会会员证章
长 1.8 厘米，宽 2.5 厘米，厚 0.13 厘米

016

新中国成立初期蒋光鼐使用的新政
治协商会议筹备代表胸章

纵 4.8 厘米，横 7.2 厘米

017

新中国成立初期蒋光鼐的第一届
全国人民代表大会代表当选证书

纵 12.5 厘米，横 8.7 厘米，厚 0.5 厘米

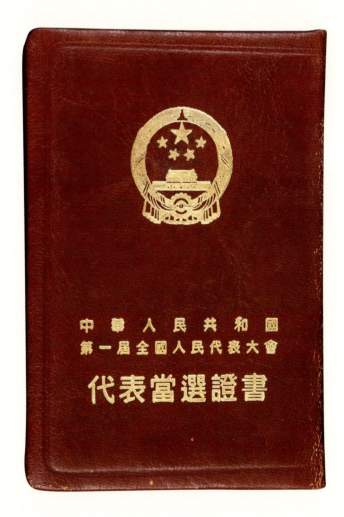

018
1966 年蒋光鼐的纺织工业部工作证

纵 6.5 厘米，横 9 厘米

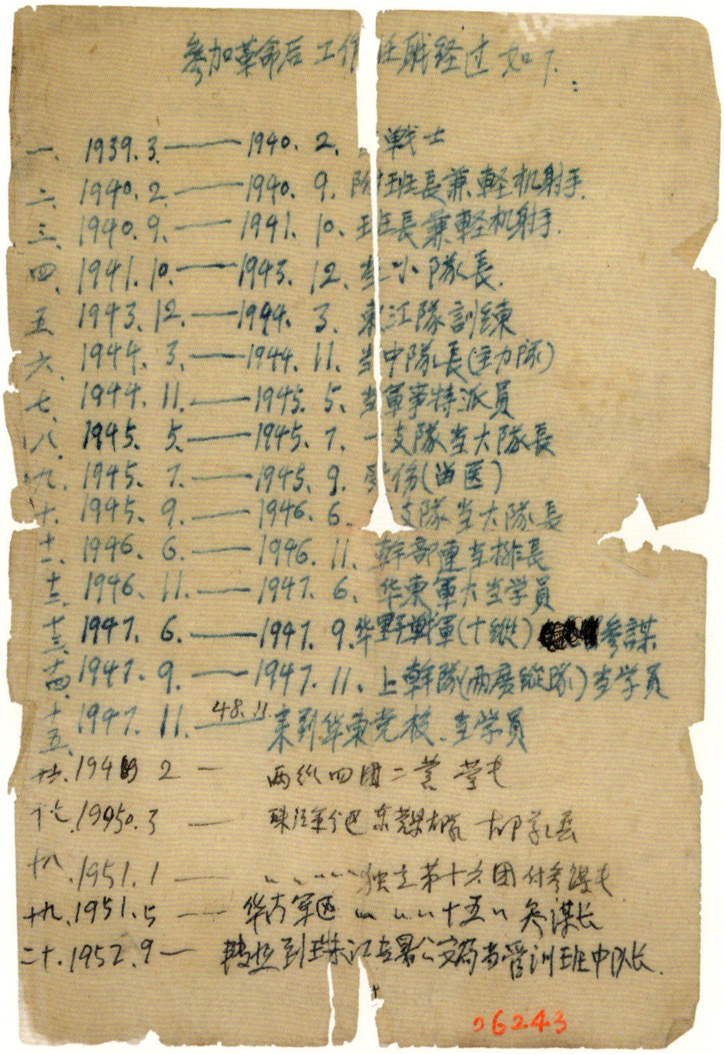

黄介（1917-1993），东莞大朗松木山人。1939年3月参加抗日游击队，同年9月加入中国共产党。参加大小战斗80余次，其中在东莞地区参加了百花洞战斗、黄猄坑战斗、梅塘战斗等一系列战斗。新中国成立后，历任广东军区珠江分区东莞县大队大队长、华南军区独立第十五团副参谋长、华南军区独立第十六团参谋长等职。1952年9月转业到地方，曾在中山、江门、肇庆、佛山、恩平等地工作，历任珠江行署公安局新生训练班班长、恩平民政局局长等职。1993年3月逝世。

019
黄介的工作任职简历
纵18厘米，横12.5厘米

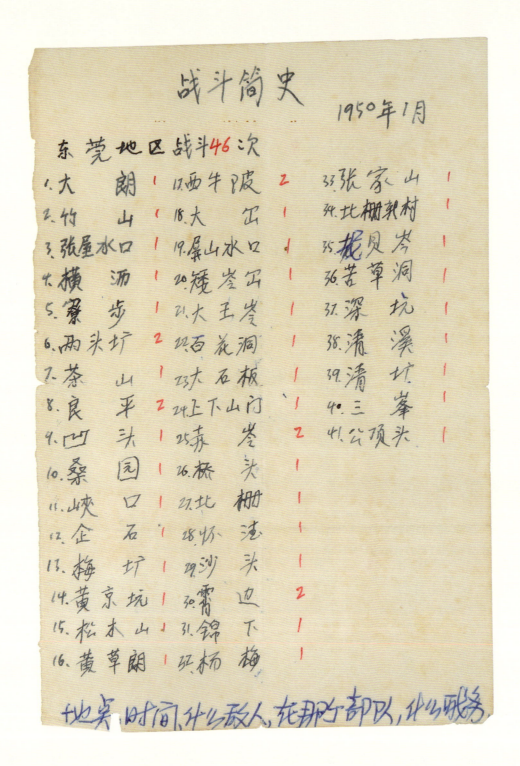

020
1950 年 1 月黄介的战斗简史

纵 14.8 厘米，横 10.1 厘米

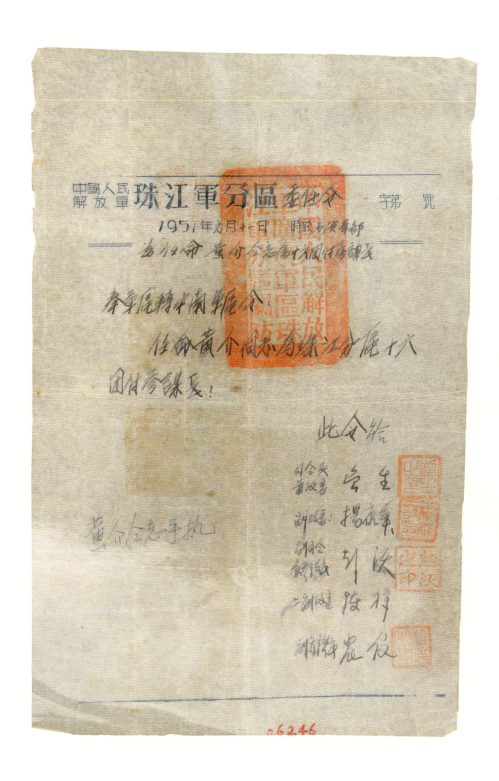

021

1951 年 1 月 11 日中国人民解放军珠江军分区
颁给黄介的委任令

纵 26.5 厘米，横 17.5 厘米

022

1952 年黄介用过的中国人民解放军布胸章

纵 4 厘米，横 7.8 厘米

023

黄介回忆录《石龙队三到东莞七次战斗》手稿

纵 26 厘米，横 19.3 厘米

（15）1986.5.9配投

石龙队三到东莞七次战斗　蔡介

　　阮海天同志是一九三九年五、六月间、从增城带一个武装队伍来东莞、编入王作尧同志领导的第二大队、成为二大的第三中队的。阮海天任中队长、陈坤任指导员。从这时起、我调到第三中队、跟随三中队东移海陆丰。一九四0年秋返回宝安后、部队改编为"三大"和"五大"两个大队。"五大"原下面时只有一个中队、叫特务队、我又编在这个中队工作。一九四一年春天改名为石龙队、我在这个中队工作一年多、在东宝惠地区打了不少仗、这里讲的是石龙队三到东莞、七次战斗的情况。

　　一九四一年三月下旬、阮海天中队长奉命率领部队、从宝安县杨美村出发、为了枚田村、经布龙公路、到龙华时、天已经黑了。在龙华圩侧休息一会、部队继续向龙岗公路挺进。龙岗公路已破坏、(为对付日军进攻而破坏的)高低不平、很不好走。经小黄田、由小路翻山到葵圳村、已是下夜四点钟。次晚从葵圳村出发、经过楼村附近和罗田村侧后通过、到达东莞与

下编·专论

印证乡情 佐证历史

——东莞市博物馆藏晚清民国地契略说

◎ 刘 炼

　　民间地契是人类文明历史发展的见证物，正在被越来越多的人关注和重视。地契作为土地买卖凭证，真实地反映了不同的历史时期的土地所有权制度、土地权属变更以及土地的管理制度。

　　地契是契约文书的一种，作为当时历史的珍贵的一手资料，承载了各类信息。目前所见最早的契约文书是在出土汉简中发现的西汉契约及东汉的买墓券。自近代以来，我国许多地方都有契约文书资料相继发现，特别是近 30 年来对新发现契约文书的整理汇编成果纷纷出现。如任吉东的《近代中国契约文书及其研究》[1]，介绍了徽州契约文书、四川盐业文书、上海房地契、广东土地契约文书、京津地区契约等；还有吴丽平《明清契约文书的搜索和整理综述》[2]、杨国桢《明清土地契约文书研究》[3]、谭棣华等《广东土地契约文书》[4]、张传玺《中国历代契约会编考释》[5]、安徽省博物馆编《明清徽州社会经济资料丛编》[6]、周绍泉等《徽州千年契约文书》[7]等大量著作。据杨国桢先生推测，仅中外学术机关搜集入藏的明清民间契约就达到 1000 万件以上[8]。

　　本文从东莞市博物馆藏晚清民国地契出发，介绍馆藏地契的基本情况，解读契约的内容及其所反映的社会现象，探讨当时当地的社会经济状况、人们的思想观念变化以及村民经济兴衰等情况。

1　任吉东：《近代中国契约文书及其研究》，《历史教学》2007 年第 7 期。
2　吴丽平：《明清契约文书的搜索和整理综述》，《青岛师范学院学报》2011 年第 3 期。
3　杨国桢：《明清土地契约文书研究》，中国人民大学出版社，2009 年。
4　谭棣华、冼剑民：《广东土地契约文书》，暨南大学出版社，2000 年。
5　张传玺：《中国历代契约会编考释》，北京大学出版社，1995 年。
6　安徽省博物馆：《明清徽州社会经济资料丛编》，中国社会科学出版社，1988 年。
7　中国社会科学院历史研究所整理、周绍泉等主编：《徽州千年契约文书》，
　　花山文艺出版社，1993 年。
8　杨国桢：《明清土地契约文书约文书研究》，北京：人民出版社，1988 年。

一　馆藏地契概述

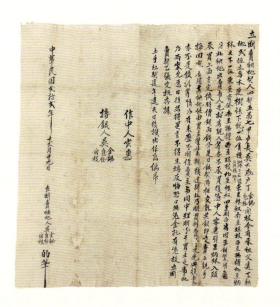

图 1　民国二十二年吴金锡等人断卖秧地契

地契大多散落在民间，因而这种"最轻盈单薄的历史载体"收集起来也颇费周折。翻看着这些历经坎坷保存下来的老地契，尽管它们已经发黄甚至虫蛀破损，却在字里行间透露出浓浓的乡土民情，给人带来一种强烈的历史厚重感。

东莞市博物馆藏晚清民国地契共 69 份，主要是土地流转的文约。从契约涉及的时间来看，是从清道光十五年（1835 年）始，历经道光、咸丰、同治、光绪、宣统及至民国时期，其中晚清 28 件，民国 41 件，时间跨度 115 年，最早的距今已近 200 年。这批契约一般保存较好，部分有残缺或轻微虫蛀，墨笔字迹清晰可辨。

从形式上看，馆藏晚清民国地契有红契（官契）和白契（私契）两种，其中红契两件，其余为白契。旧时地契分为白契和红契两种。土地买卖双方未经官府验证而订立的契据叫做草契或白契。立契后，经官府验证并纳税，由官府为其办理过户过税的手续之后在白契上粘贴由官方排版统一印刷的契尾，钤盖县州府衙的官方大印（规正三寸许，方制，篆体），红色赫然，便成了官契，也称红契。红契与白契的最大区别在于是否向政府交税。白契由买主保存，作为土地产权的证明，表明进行了土地产权的交易，交换和转换。尽管被官方认为属于不合法的契约，但是作为民间交易的证明，白契一直存在，而且不仅在土地交易中认可，政府进行土地注册登记时一般也承认其合法性。白契的格式还受民间民事习惯的影响，也会因各地习俗不同而有区别。从法律上看，白契是一种不完全的文本，一旦发生田土纠纷，白契得不到法律的保护。但在民间认为，白契在手，土地交易即已告成立。

按土地交易种类分，馆藏晚清民国契约主要有断卖契（又称绝卖契）、典当契、租契等。其中以断卖契居多，69 件中有 48 件，一般写明"断卖契"的字样。民间土地交易主要有两种形式：绝卖契约和活卖契约。绝卖就是一次性交易，也称"断卖"即为一次土地交易中所有权的完全转移，没有任何附加条件。在这样的交易中所订立的契约为死契，这是在民间契约中最常见的契约之一。比如馆藏地契中的"光绪二年姚蟾卿断卖田契"、"光绪十八年李庆光断卖房契"、"民国二十二年吴金锡等人断卖秧地契"等。在民间这种绝卖契的使用非常普遍，因为很多人不愿此后遇到毁约的情况，所以，在第一次交易的时候就已经写明了是绝卖或买断，不允许卖者有反悔的机会。"活卖"则是土地所有权有条件的转移，也就是在一定条件下原业主对土地产权出让后，可在一定期限内由原业主赎回，新业主没有资格进行阻拦。但是双方的交易是有条件的，如果有一方违反了所订立的条约，这次活卖便可能变成绝卖。这类活契五花八门，形式多样，有典契、当契、换契、补契、赎契等，最常见的是典当契。比如馆藏地契中的"光绪七年钟济祖地租私契"。活卖的土地往往是可以耕种的田地，根据清初政府法令规定，典当田地不必到官府登记纳税，也不用办理过割纳田赋的手续，田赋仍由典当人缴纳，但需由典田人补交给典当人，同时在契约上规定典当期限。过期不赎的，要重新立绝卖契。一般绝卖价比活卖价高。

二　馆藏地契的内容解读

东莞市博物馆藏的这些地契资料，详细记录了晚清民国东莞社会特别是农村处理事务的诸多信息，反映了当时东莞经济社会状况。从契约文书的程式上看，这些晚清民国契约与同时期其他契约并无不同，有固定的立契格式和契约用语。契约的主要内容由立约时间、立约双方姓名以及立约的主要条款几部分构成。契约的开头一般写明契名及立约人名称，如"光绪十七年袁祥远断卖果树契"的开头："立断卖地树数人袁祥远"。契约的主要条款一般写得比较详尽准确。契约尾部一般写有中人、证人及书契人的姓名，并注明立约的时间。从契约的主要内容看，主要是房屋、田地的买卖。为便于说明，将部分契约移录如下：

1. 光绪二年姚蟾卿断卖田契

　　立断卖田契人四都四□六甲户长姚珍丁蟾卿有承祖遗下土名蚬壳冈田一坵该下则税捌分零柒毛玖丝为因粮务紧迫无银应纳夫妻商议愿将此田出卖与人先招本户人等俱各不卖后托中人姚瑞显引至江边新围五都七□四甲户长黄辛基丁黄咸鱼培男黄焕蘩入头承买三面言定依时价银三两司码是日银地两相交讫其银即日交与姚蟾卿夫妻接回归家应用其田即日清丈交与买主过耕管业过户印契输粮自卖之后永远不得刁乔索赎异日毋得反悔此是明卖明买并非债折等情如有不明系卖主同中理明不干买主之事此乃情甘允愿今欲有凭立断卖田契交执存照

光绪二年　月　日　中人姚瑞显

立断卖田契人　姚蟾卿

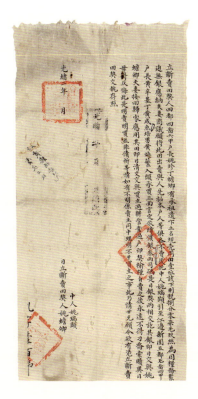

图2　光绪二年姚蟾卿断卖田契

2. 光绪八年翁阿炳断卖地契

　　立断卖地契人墩头村翁阿炳有承祖父遗下名墩头地一坵该下税食种一石二斗东至谢伯胜西至卖主南至路北至岭四至明白为因无银应用夫妻商议愿将此地一坵出卖与人先招本村及亲人等俱各不买后托中人翁阿连引至企石村谢彩金处入首承买当中三面言定依时价银佰拾两钱分厘司马兑足是日眼同清文银交契立其银即交卖主接回为家应用其田亦交买主过耕管业输纳粮务不是债项等情亦不曾先典后卖此系明卖明买如有来历不明系卖主同中理明不干买主之事此乃两家允愿日后毋得异言不得生端反悔恐口无凭今欲有凭立断卖契约文书一张交执为据存照

作中人　翁阿连

接银人　翁阿炳

光绪八年　月　日

墩头村翁阿炳请笔立

今民国二十二年照旧契誊抄

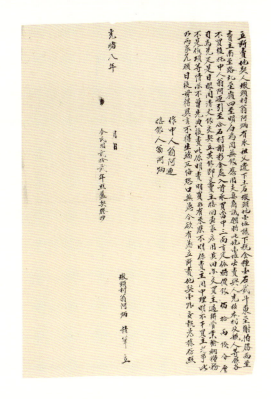

图3　光绪八年翁阿炳断卖地契

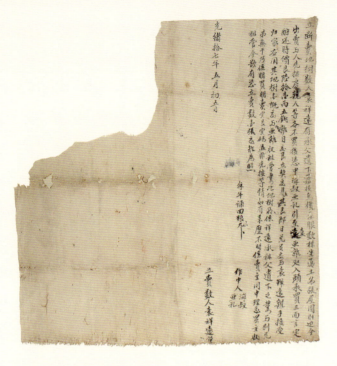

图4　光绪十七年袁祥远断卖果树契

3.光绪十七年袁祥远断卖地树契

立断卖地树数人袁祥远有承父遗下荔枝乌榄龙眼数珠坐落土名张屋圆则边今出卖与人先招房亲人等各不买后凭中海叔亚礼引至表亚就处入头承买三面言定酌还时价银陆拾一两五钱就日交银立契交易其银即日兑现交与袁祥远亲手接受归家应用其地树一概交与亚就收租管业此地树系祥远承祖父遗下之业与别兄弟无干乃系明买明卖室银实码并非先按等情如有来历不明系卖主同中理交买主主权租管今□有凭立卖数一张交执为证

　　每年补回粮九担

　　　　　　　　　光绪拾七年五月初吾

　　　　　　　　　作中人　亚礼

　　　　　　　　　　　　　海叔

　　　　　　　　　立卖人袁祥远等

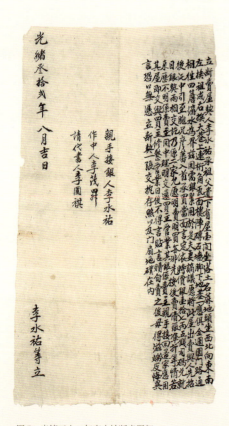

图5　光绪三十二年李水祐断卖屋契

4.光绪三十二年李水祐断卖屋契

立断卖屋契人李水祐承祖父遗下有屋一间坐落土名蔴地头坐西北向东南左挨祖成右挨大巷上连□角瓦面楼阵砖石墙脚下地基一应俱全周围门路通相□四檐滴水为界兹因需银紧用于是夫妻商议愿将此屋出卖与人先招后证中引至胞兄彦蕃入首承买当面言定依时价银壹拾七两五钱司码兑就日银契两相交讫乃系二家允愿明卖明买亦非先按后卖债赈准折等情若来历不明系卖至同中理明交远买主管业其银系卖主亲手接回归家应用其屋即交与买主修整管业日后不得言贴言赎自卖之后毋得滋端反悔异言恐口无凭立断契一张交执存照以及门扇地砖在内

　　　　　　　　　亲手接银人李水祐

　　　　　　　　　作中人李茂升

　　　　　　　　　请代书人李国祺

　　　　　　　　　光绪叁拾贰年八月吉日李水祐等立

5. 民国十三年邓承富断卖房契

立断卖房契人邓承富有承祖父遗下均分得屋一座座比向南上连瓦盖下及地基周围墙壁门前巷石门扇阁梂彩料一应俱存左邻壬昧右邻明禧前至围前后至自体俱四邻明白为因岁月饥荒无银赡口夫妻父子商议愿将此屋出卖与人先招房亲人等各不买后凭中人邓新茂叶行稳引至叶自有入首承田三面言定之依时价银伍拾两码是日银契两相交讫其银系邓承富夫妻父子接回为家应用其屋即交买主卜吉修造君住亦后不得收赎此是明买明卖若会先典后卖债折等情如有来历不明系卖主冈中理明不干买主之事任由买主永远居住此系两家允愿日后不得生端反悔恐口无凭今欲有凭立卖屋契□□交执永远为照

再字批明上手契未交日后搜出作为废纸

作中人　邓新茂

叶行稳

指印　接银人　邓承富

妻萧氏

民国十三年拾壹月拾壹日

立断卖屋契人邓承富的笔

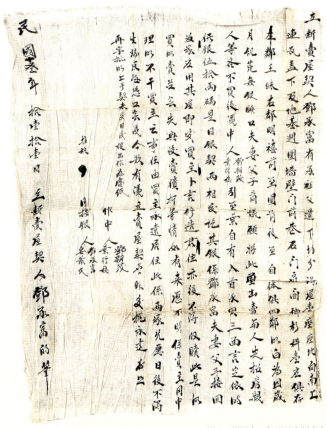

图 6　民国十三年邓承富断卖房契

6. 民国十七年检尉断卖荔枝契

立断卖荔枝契人检尉为因要银急用夫妻父子相议原承祖父遗下分得土名吊钟岭荔枝一圆数株连地在内出卖□人先招房亲人等后本家赐洪承买当面言定酌远时□银两码即日银契两相交易清楚其荔枝亦即日交与赐洪收租管业收果任由种树生多粮进业□自卖之后拒□不留永远不得收赎此乃两家允愿日后毋得异言生端反悔恐口无凭令欲有凭特立断卖数一张交执存照此业或有别等相连未有交执日后搜出是为废纸并上手契一张交执为据

民国十七年二月吉日　立断卖荔枝数人检尉

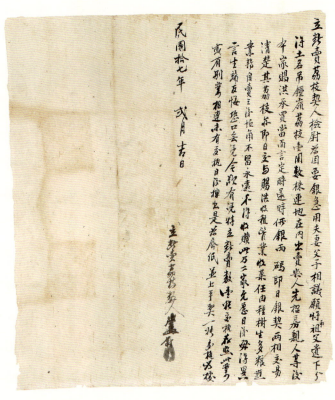

图 7　民国十七年检尉断卖荔枝契

　　以上契约是馆藏晚清民国地契中比较典型的有关田地买卖、房屋及荔枝买卖等方面内容的具体实例。现以"光绪八年翁阿炳断卖地契"为例做简要说明。契约右侧首行开始的"立断卖地契人墩头村翁阿炳"等字表示该契的种类和立契人，"因无银应用"为卖掉土地的理由，"后托中人翁阿连"是麻烦别人做中保卖掉土地，契约中还写明了这块土地的来源是"有承祖父遗下"，所处的具体位置是墩头村，土地数量是一坵，契约中还写明了买、卖、中人三方共同议定的价格及立契日交付银两的事实，最后则是为了预防纠纷写下的约定内容，强调契约是根据当事者双方意愿而立，结尾部分有立契日期、立契者、中人的名字、名字画押。

　　从馆藏契约来看，绝大部分是单契，一方立契，单方押署，对方持契。清政府规定凡买卖土地房屋者必须购买政府统一印制的官版契纸并缴纳契约文书税过割。光绪《大清会典事例》载"凡典买田宅不税契者，笞五十，仍追契内田宅价钱一半入官。不过割者，一亩至五亩，笞四十，每五亩加一等，罪止杖一百，其田入官。"[1]由此可见白契是一种不合法的契约。但尽管如此，为了逃避赋税，民间交易多私下进行，白契在民间大量流行，不见绝迹。到民国更是如此。可见当时的政府已很难对民间有所管制。白契的流行，或可说明清政府已不能按其意志控制土地田产的买卖活动，民国社会动荡，更是如此。

　　作为一种产权凭证，出卖之人需要申明自己承担权利担保义务，并对日后可能发生的纠纷承担责任。契约订立之目的就在于其有凭证的作用。为保证签订契约双方交易的安全，表明卖主的诚意，说明土地房产的来源清楚无误，并使买主放心，在契约文书的结尾，一般都有大体相同的话作为订立契约的保证："如有来历不明系卖主同中理明不干买主之事"等等。这既是订立契约的基本要求，也是卖方诚信的表示，还是立契人和中保人给买方的一个保证。

三　馆藏地契中反映的社会现象分析

　　地契，是研究历史文化的第一手文献资料，作为买卖典押土地所立的契约凭证，其中有更多的内涵有待我们去了解发现。

1　光绪《大清会典事例》卷七五五《刑部·户律·田宅·典买田宅》，中华书局，1991年版，第九册。

　　馆藏地契每一份字数都不多，蕴含的信息却十分丰富，从中不仅可以看到晚清民国时期东莞传统的人情、道德、民风和习俗，更可以了解到当时百姓的生活方式、物价水平等。它们是当时的社会经济、政治、文化发展状况的缩影。

　　（一）　地契中的中人现象

　　这批土地契约中，几乎所有都有中人的参与。一般而言，排除买卖双方，凡在契约中签押的其他人都可称为中人，在土地交易契约中起着说合、担保、议定价金、调解等多种责任。而在这些中人里，一个极富特色的现象是有与出卖方同姓的中人的参与。馆藏地契中的中人大部分跟卖主同宗同姓，比如"光绪二年姚蟾卿断卖田契"的中人叫姚瑞显；"光绪三十二年李水祐断卖屋契"的中人叫李茂升。同姓中人的介入可以使土地契约获得公示公信力，从而获得宗法家族关系的保障，从而摆脱其他关系的羁绊，降低风险，保障新业主正常行使权利。

　　（二）　宗法血缘关系影响着地契的签订

　　在馆藏晚清民国地契中，一般都会有这样一句话："先招本村及亲人等俱各不买后托中人某某"，说明无论是世俗的亲族人等，在房产土地等财产转移活动中，均具有优先权即亲族或亲邻优先原则。如果没有亲族的同意，就会埋下许多隐患。馆藏地契反映了宗法血缘关系在土地房产等所有权的转移中起着一定的作用。同时，从这样的行文内容里也能看出中国传统社会重视人情的一面。清代乡规民俗规定土地交易中亲戚享有优先购买权，卖地时，需先遍问叔伯弟侄等亲房，如果亲房不买，则由亲及疏，遍问本家族人、姻亲、承租人及邻居，其目的是为了使家族的整体经济实力不受损，这是土地私有制时代的显著特征，也体现了传统土地交易中存在"人情"、"情面"等交易规则，发展到民国时期，为了避免纠纷，土地买卖成交后，买方要在不同的报纸上刊登公告三至五天，以便亲族或其他相关人员周知。

　　（三）　地契反映了当时人们的语言书写习惯

　　地契中所撰写和表达的文字既可以映衬出当时人们的语言书写习惯，又可以展现出中国的传统文化及其时代价值。如今的土地房产交易中，人们一般并不会在土地房产证上写明自己为什么要买卖土地和房子，可是在过去，人们却是"无事不可对人言"。从一张张地契中，我们可以清晰地了解到那时人们卖地或典地的缘由。一般都是由于家庭经济困难、开支不足、急需用钱，不得已将土地出卖

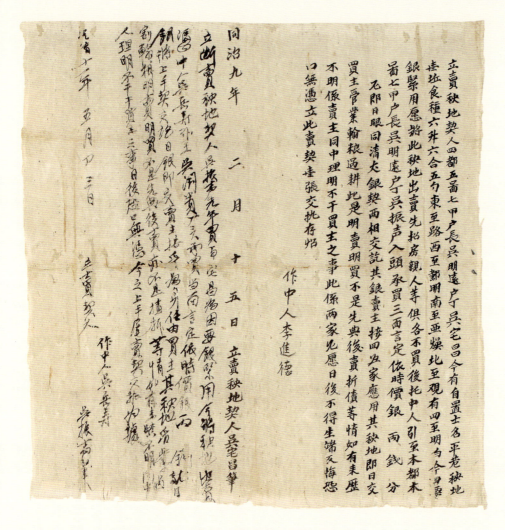

图 8　同治九年吴宅昌与光绪十一年吴振声买卖秧地契

或者流转，原因写得很具体，文字表达极具传统特色。

（四）地契反映了晚清民国东莞社会经济的变动

清至民国，东莞是经济比较发达的地区之一，先进农业技术的推广，经济作物的扩种，商品经济的发展，在地权变动中产生了深远的影响。从馆藏地契中，我们也可以看到这种经济发展变化的现象。土地买卖，政府虽定有立契、税契、过割推收等程序，实际上，东莞的土地买卖，官有官法，民有民法，白契广泛流行而且被社会认同，这正是清末政府的腐败无能，土地管理和税收制度混乱的表现。还有一个有趣的现象是，一张纸上同时记载了两份契约文书，如"同治九年吴宅昌与光绪十一年吴振声买卖秧地契"就记载在同一张纸上，这反映了土地经反复买卖，土地所有权变更比较频繁的现象。

解读地契，就是解读历史。作为土地产权文书和可供研究的重要文物，具有一定的收藏价值。体现在它的史料价值、存世量、纸张质量、保存时间的长短以及保存的完好程度。由于地契属于纸质文物，难以保存，现存于世的地契已较为少见。目前，明朝的地契已经很难收集到，清朝的地契和解放区的地契亦很珍贵。有关地契的收藏和研究，在中国还处于起步阶段。如果不加以保护和研究，这些"故纸"中的历史文化信息可能会消失。

　　总之，馆藏地契记载了近二百年来东莞部分土地产权变更、出租等内容，从一个侧面反映了晚清民国时期东莞的风土人情，是研究晚清至民国东莞经济、政治和社会状况的第一手资料，具有较高的历史和文物价值。

附表

东莞市博物馆藏晚清民国地契一览表

序号	名称	年代（年）	尺寸	来源	完残情况
1	光绪八年翁阿炳断卖地契	1882	纵 53 横 47 重 5 克	寮步征集	虫蛀污旧
2	光绪元年谢培兴断卖地契	1875	纵 52.5 横 45 重 5 克	寮步征集	虫蛀污旧
3	民国八年谢金安断卖地契	1919	纵 55 横 47 重 5 克	寮步征集	虫蛀污旧
4	民国三年黄光亮断卖地契	1914	纵 53 横 50 重 5 克	寮步征集	虫蛀污旧
5	民国十年谢均祥断卖地契	1922	纵 55 横 43 重 5 克	寮步征集	虫蛀污旧
6	民国四年杨东福断卖地契	1915	纵 52 横 48 重 5 克	寮步征集	虫蛀污旧
7	光绪二年姚蟾卿断卖田契	1876	纵 54 横 27 重 3 克	寮步征集	虫蛀污旧
8	光绪三十三年莫炳权断卖地契	1907	纵 55 横 51 重 7 克	寮步征集	虫蛀污旧
9	民国三十一年陈就辉母子断卖屋契	1942	纵 51 横 42 重 4 克	寮步征集	残
10	民国二十八年邱夭断卖地契	1939	纵 46 横 37 重 5 克	寮步征集	残
11	民国田地出租契约一	民国	纵 13 横 28 重 1 克	寮步征集	虫蛀污旧

12	民国田地出租契约二	民国	纵 20 横 33 重 2 克	寮步征集	虫蛀污旧
13	民国十八年吴妹权断卖房屋契约	1929	纵 25 横 40.5 重 4 克	寮步征集	虫蛀污旧
14	民国田地出租契约三	民国	纵 27 横 17 重 2 克	寮步征集	虫蛀污旧
15	民国二十八年见康断卖田地	1939	纵 50 横 22 重 1 克	寮步征集	残
16	民国三十六年梁锦新当地契约	1947	纵 25 横 23 重 1 克	寮步征集	残
17	民国三十二年钟康宁立典租屋契	1949	纵 51 横 42 重 5 克	寮步征集	残
18	民国二十七年吴带润断卖屋契	1938	纵 56 横 52 重 9 克	寮步征集	残
19	民国二十二年吴金锡等人断卖秧地契	1933	纵 53 横 50 重 4 克	寮步征集	虫蛀污旧
20	民国二十二年周创发等人买卖合约	1933	纵 54 横 46 重 5 克	寮步征集	虫蛀污旧
21	光绪十二年吴润成断卖田契	1886	纵 50 横 54 重 6 克	寮步征集	残
22	光绪十九年吴辅仁断卖田契	1893	纵 55 横 54 重 6 克	寮步征集	残
23	民国二十二年吴康泰断卖田契	1933	纵 54 横 47 重 5 克	寮步征集	残
24	光绪十七年吴振生断卖秧田契	1891	纵 54 横 25 重 3 克	寮步征集	残
25	民国二十七年吴全发断卖田契	1938	纵 52 横 39 重 4 克	寮步征集	残
26	民国三十八年钟某某断卖屋契	1949	纵 27 横 46 重 3 克	寮步征集	残
27	光绪八年吴观泰断卖秧地	1882	纵 53 横 25 重 3 克	寮步征集	残
28	同治九年吴宅昌与光绪十一年吴振声买卖秧地契	1885	纵 40 横 44 重 4 克	寮步征集	虫蛀污旧
29	光绪三十二年李水祐断卖屋契	1906	纵 56 横 30 重 4 克	寮步征集	虫蛀污旧
30	光绪十六年李稔田断卖屋契	1890	纵 54 横 37 重 5 克	寮步征集	虫蛀污旧
31	光绪十三年李际时断卖房产契	1887	纵 55 横 50 重 7 克	寮步征集	虫蛀污旧
32	宣统三年李水有断卖屋契	1911	纵 56 横 52 重 6 克	寮步征集	虫蛀污旧
33	光绪三十一年冼男妹断卖水田契	1905	纵 54 横 51 重 5 克	寮步征集	虫蛀污旧
34	民国十七年检尉断卖荔枝契	1928	纵 51 横 47 重 5 克	寮步征集	虫蛀污旧
35	民国二十年张进发断卖荔枝契	1931	纵 56 横 51 重 7 克	寮步征集	虫蛀污旧
36	民国三十九年梁惠和断卖屋契	1950	纵 50 横 41 重 5 克	寮步征集	虫蛀污旧
37	民国三十八年刘氏断卖田契	1949	纵 50 横 43 重 4 克	寮步征集	虫蛀污旧
38	民国乙亥年梁田刘氏断卖金字屋契	1935	纵 50 横 38 重 4 克	寮步征集	虫蛀污旧
39	道光十五年袁步登断卖地契	1835	纵 49 横 49 重 2 克	寮步征集	虫蛀污旧
40	光绪十四年孙允通断卖地契	1888	纵 56 横 55 重 8 克	寮步征集	虫蛀污旧

41	光绪十七年袁祥远断卖果树契	1881	纵 55 横 48 重 5 克	寮步征集	虫蛀污旧
42	光绪三十四年袁一匡断卖房间契	1908	纵 55 横 51 重 7 克	寮步征集	虫蛀污旧
43	光绪八年钟香九断卖地契	1882	纵 41 横 33 重 1 克	寮步征集	虫蛀污旧
44	同治元年杨氏断卖房间契	1862	纵 36 横 37 重 1 克	寮步征集	残
45	光绪八年金容断卖房间契	1882	纵 47 横 45 重 6 克	寮步征集	残
46	咸丰八年钟万华断卖田契	1858	纵 55 横 50 重 8 克	寮步征集	残
47	光绪三十三年袁连开断卖房屋契	1907	纵 51 横 52 重 7 克	寮步征集	残
48	民国八年陈智断卖房屋契	1919	纵 57 横 52 重 5 克	寮步征集	残
49	民国三十一年陈袁氏断卖房契	1942	纵 52 横 43 重 5 克	寮步征集	残
50	道光二十一年李兴和断卖房契	1841	纵 45 横 40 重 5 克	寮步征集	残
51	光绪十八年李庆光断卖房契	1892	纵 51 横 48 重 4 克	寮步征集	残
52	民国十三年邓承富断卖房契	1925	纵 51 横 40 重 5 克	寮步征集	残
53	民国三十二年邓沛洪卖田契	1943	纵 54 横 45 重 5 克	寮步征集	残
54	民国三十四年叶容炳卖田契	1945	纵 55 横 47 重 5 克	寮步征集	残
55	民国三十一年邓流文卖田契	1942	纵 54 横 43 重 5 克	寮步征集	残
56	民国十八年叶河法卖地契	1939	纵 52 横 40 重 4 克	寮步征集	残
57	民国三十八年邓沛南卖地契	1949	纵 52 横 40 重 4 克	寮步征集	残
58	民国三十一年叶德明断卖地契	1942	纵 52 横 40 重 4 克	寮步征集	残
59	民国三十五年钟康宁卖屋契	1946	纵 49.5 横 38.2 重 1 克	寮步征集	残
60	民国三十二年王秋合断卖田契	1943	纵 51 横 31 重 2 克	寮步征集	残
61	民国六年邓孔方卖田契	1917	纵 50 横 45 重 3 克	寮步征集	残
62	民国三十三年惠宗卖田契	1944	纵 52 横 43 重 2 克	寮步征集	残
63	民国三十五年叶解崧卖田契	1946	纵 55 横 42 重 2 克	寮步征集	残
64	民国三十五年包淦卖田契	1946	纵 49 横 37 重 4 克	寮步征集	残
65	民国三十四年邓亮贤卖屋契	1945	纵 50 横 40 重 3 克	寮步征集	残
66	光绪七年钟济祖地租私契	1881	纵 24.2 横 26.7 重 1 克	寮步征集	残
67	光绪十六年李松庄卖秧地契	1890	纵 52 横 50.5 重 2 克	寮步征集	残
68	光绪九年观簪卖地契	1883	纵 46 横 30 重 1 克	寮步征集	残
69	民国三十一年叶德明断卖田契	1942	纵 54 横 45 重 5 克	寮步征集	残

参考文献：

专著

1　王旭：《契纸千年：中国传统契约的形式与演变》，北京大学出版社，2013 年。

2　乜小红：《中国中古契券关系研究》，中华书局，2013 年。

3　汪柏树：《徽州土地买卖文契研究：以民国时期为中心》，中国社会科学出版社，
2014 年。

4　张蕴芬、姬脉利：《北京西山大觉寺藏清代契约文书整理及研究》，北京燕山
出版社，2014 年。

论文

1　马学强：《"民间执业 全以契券为凭"——从契约层面考察清代江南土地产权
状况》，《史林》2001 年第 1 期。

2　吴晓亮、徐政芸：《"云南省博物馆馆藏契约文书整理汇编"记》，《中国史
研究动态》2013 年第 6 期。

3　闫晓婷：《20 世纪以来明清契约文书整理与研究综述》，《赤子（上中旬）》，
2015 年 2 月。

4　任吉东：《传承与嬗变：近代化过程中的土地契约交易——以天津为例》，《南
方论丛》2007 年 3 月第 1 期。

5　冼剑民：《从契约文书看明清广东的土地问题》，《历史档案》2005 年 8 月。

6　冯小懿：《馆藏不同历史时期土地契约文书的整理与研究》，《湖南省博物馆
馆刊》2012 年第九辑。

7　孟学华：《贵州毛南族地区清朝民国时期土地契约文书的调查与研究》，《贵州民族研究》2014 年第 1 期。

8　寒冬虹、杨靖：《国家图书馆藏部分明清土地契约略说》，《文献》2004 年 1 月第 1 期。

9　郭睿君：《徽州契约文书"中人" 研究回眸与思考》，《怀化学院学报》2014 年 12 月。

10　曾继伟：《见证历史的一批民间契约》，《视窗》2015 年第 1 期。

11　马学强：《近代上海道契与明清江南土地契约之比较》，《史林》2002 年第 1 期。

12　李哲坤：《近代以来华北地区家族契约文书研究——以大城县正村姜氏家族契约研究为中心》，《河北广播电视大学学报》2015 年 2 月。

13　赵志云：《民国河北契纸研究——以土地契约为中心》，硕士学位论文 2010 年。

14　陈学文：《明清徽州土地契约文书选辑及考释》，《中国农史》2002 年第 3 期。

15　吴丽平：《明清契约文书的搜集和整理综述》，《青岛大学师范学院学报》2011 年 9 月。

16　潘亚鹏、王爱新、李晓英：《浅谈民间土地契约文书的开发利用》，《丝绸之路》2013 年第 8 期。

17　周进：《清代土地买卖契约中人现象研究》，《遵义师范学院学报》2007 年 8 月。

18　王日根：《清至民国建瓯土地契约中的经济关系探微》，《中国经济史研究》1990 年第 3 期。

19　杨国桢：《深化中国土地所有权史研究——〈明清土地契约文书研究〉修订版序》，《中国社会经济史研究》2008 年第 3 期。

20　倪毅：《浙江明清契约文书综述》，《历史档案》2014 年第 1 期。

东莞市博物馆藏民国报刊评介

◎ 王 亮

　　中国的报刊史源远流长。我国最早的报纸应是邸报，据唐代文人孙樵《经纬集》记载："樵曩于襄汉间，得数十幅书，系日条事，不立首末。其略曰：某日皇帝亲耕于藉田，行九推礼；某日百僚行大谢礼于安福楼南。……如此，凡数十百条。……樵后得《开元录》验之，条条可复云。"孙樵的叙述清晰地表明，至迟唐中元年间即已出现以"幅"为计量单位，"系日条事，不立首末"，把当时政事"条布于外"的杂报——邸报[1]。"邸"作为古代地方高级官员为传递沟通信息而设的驻京办事机构，历代因之，邸报重在传达朝政消息，亦称"朝报"、"杂报"等等。至清初时改名《京报》，亦称《塘报》、《驿报》。民国成立，改名《政府官报》。至是，官报成为国家制度[2]。自唐以迄清末，我国报刊以邸报为中心，全国言论统于一尊，民间并无办报的机会。

　　广东是中国近代报刊的发祥地。1839 年林则徐以钦差大臣的身份到广东办理禁烟事务时，在衙门中设立翻译馆，专门收集澳门出版的外文报刊，整理后命名为《澳门新闻纸》。《澳门新闻纸》遂成为中国最早的译报。鸦片战争后，随着办报中心的南迁北移，广东报坛沉寂了很长一段时间。直至 1872 年，广州才出现国人自办的报刊《羊城采新实录》，但该报详情已不可考。1894 年甲午中日战争后，维新派在京、沪两地广办报刊，传播维新变法思想。广东举人钟荣光响应维新派，在广州创办《博文报》，成为广东最早宣传维新变法思想的报刊。之后广东相继出现《岭学报》、《岭海报》、《纪南报》等多种民间报刊[3]。

　　东莞地区毗邻广州，得办报风气之先机，办报事业开始的比较早。目前所知，最早出版的东莞报刊是《东莞旬报》[4]。它创刊于 1908 年 7 月 1 日，三十二开本，月出三册，逢五发行，内容分为论说、文丛、文苑、小说、粤讴、谐薮、邑事、国事、外事等数十部分[5]，但其出版不久即停刊。因报刊多为当日发行，且有流通

1　邓毅、李祖勃：《岭南近代报刊史》，广东人民出版社，1998 年。
2　戈公振：《中国报学史》，中国文史出版社，2015 年。
3　孙文铄：《广东的近代报刊》，《新闻大学》，1996 年。
4　罗婉娜：《现存东莞老报刊收藏情况调研与搜集利用的思考》，《图书馆论坛》，2010 年第 5 期。
5　邓毅、李祖勃：《岭南近代报刊史》，广州人民出版社。

性强等特点，人们对于它们的收藏意识一般较为淡薄。但作为能直接反映本地区当时社会形态的重要载体，其学术价值不容小觑。东莞市博物馆（下称莞博）作为东莞地区唯一的综合性博物馆，自 1929 年创馆开始，即留意出版刊物的收集。据 1936 年出版的《东莞博物图书馆特刊》介绍，当时邑内外人士捐赠图书甚多，其中不乏报刊杂志[1]。后因时局动荡，加之莞博易址，旧藏书刊多有佚失。现莞博仍保存有相当数量的旧报刊，据初步统计，馆藏共有旧报刊 51 种，数量近百份（册）。其中发刊于民国时期的报刊有 43 种，共 87 份（册），是旧报刊的主要部分（见附表）。这批民国报刊内容涉及时局、社会、教育、经济、司法等诸多领域，对研究民国时期东莞地区的时情有很大的借鉴意义。现将馆藏民国旧报刊分为抗战刊物、莞邑刊物及其他刊物三个类别，择取有代表性的报刊作一简要评介。

一　抗战刊物

1937 年 7 月 7 日，抗日战争全面爆发，中国共产党八路军、新四军和华南抗日纵队，在全国各阶层人民的支持下，在敌后建立了抗日民主根据地。为了宣传抗日救国的主张，动员广大人民开展持久的抗日民族解放战争，党在抗日根据地创办了很多报刊。据统计，1937 年至 1945 年，仅华北、华中解放区就创办报刊 400 余种[2]。莞博现藏 43 种民国旧报刊中，主要内容为宣传抗战的报刊就有 15 种（见附表），而最具有代表性的是《前进报》和《救亡呼声》两份报纸。

莞博藏《前进报》共 10 份，12 期，其中有两份为合期刊（见图 1）。《前进报》是抗战时期活动于东莞地区的东江纵队的机关刊物。它的前身是 1941 年 1 月由广东人民抗日游击队第三大队在大岭山区创办的《大家团结》报。同年 2

1　该特刊的馆藏目录记有：广东省党部赠《民间周刊》十六册、《抵抗》十册、《三民主义》月刊一册；燕京大学图书馆赠《图书馆报》十三册；《南风》旬刊社赠《南风》四册等等。见全国图书馆文献缩微复印中心：《民国珍稀短刊断刊·广东卷（一）》。

2　李宗泉：《抗日战争时期解放区的报刊》，《上海大学学报》，1996 年第 2 期。

图 1　抗战时期出版的《前进报》

图 2　抗战时期出版的《救亡呼声》

月，广东人民抗日游击队第五大队在宝安阳台山区创办《新百姓》报，这两份报纸是抗战时期东江抗日游击区最早创办的革命报纸。后两报合并，仍以《新百姓》报名出版。1942 年 1 月，东江文化工作委员会将《新百姓》报易名为《东江民报》。1942 年 2 月，部队扩编为广东人民抗日游击总队，总队决定将《东江民报》改名为《前进报》。1943 年 12 月东江纵队成立后，《前进报》成为纵队的机关报。它是在部队党组织的直接领导下，根据党的"坚持抗战、反对投降，坚持团结、反对分裂，坚持进步、反对倒退"的方针，依靠部队指战员和抗日爱国人士的支持，在敌伪顽势力和反动舆论的环境中，创建的新闻阵地，主要宣传中国共产党的政策。《前进报》从 1942 年 3 月至 1945 年 9 月共出版发行了 100 期，发行范围遍及东江、北江、珠江、粤中、粤北、西江、韩江和南路等各抗日游击区和部队，在华南敌后有广泛的影响，成为指导全省各地组织开展对敌斗争的主要言论阵地[1]。

　　莞博藏《救亡呼声》报刊共 5 册，6 期（见图 2）。1937 年 8 月至 1938 年 10 月在广州创办发行的《救亡呼声》旬刊，是中共支持和领导的进步群众抗日救亡团体"救亡呼声"的报刊，它冲破国民党顽固势力的种种阻挠，为全民族抗战

1　东江纵队编辑委员会：《东江纵队志》，解放军出版社，2003 年 10 月。

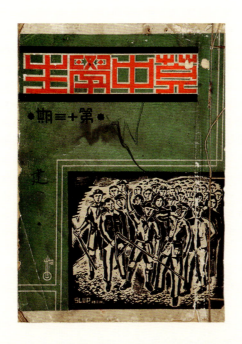

图 3　民国时期出版的《莞中学生》

图 4　民国时期出版的《莞中学生》

救亡呐喊，对当时广东地区的群众抗日救亡运动起到积极的作用。《救亡呼声》旬刊从 1937 年 8 月创刊至 1938 年 10 月广州沦陷，在一年零二个月中，共发行了 20 多期。主要刊登政论文章，并辟有"火线上"、"座谈"、"救亡情报"、"抗战知识"、"通讯"、"文艺"等专栏。《救亡呼声》一般发行量每期数百份至 1500 份，最高发行量达 2.4 万份，销往广东各地和港澳地区。它对当时的抗日救亡运动起到重要的舆论发动和指导作用。[1]

二　莞邑刊物

2008 年至 2009 年，东莞图书馆为提升地方文献的馆藏质量，填补东莞旧报刊的收藏空白，启动了《现存东莞老报刊收藏情况及数字化可行性研究》项目。经过两年的调研，搜集到分布在东莞、广州、上海、北京等地保存有东莞老报刊的单位 6 家，发现《东莞民报》等老报刊数十种。其中《东莞民国报》、《莞中周刊》、《东莞司法三日刊》等 3 种有内政登记证号。[2]

1　黄建新：《为抗日救亡呐喊的＜救亡呼声＞》
　　http://www.gzzzxws.gov.cn/gzws/gzws/sqfl/krzzsq/200809/t20080917_9027.htm。

2　罗婉娜：《现存东莞老报刊收藏情况调研与利用的思考》，《图书馆论坛》，2010 年第 5 期。

　　莞博现存有东莞本地旧报刊 9 种，按出刊时间先后顺序分别是《东莞公报》（1911）、《东莞工商月报》（1928-1929）、《莞中学生》（1934）、《莞中周刊》（1935-1937）、《明中学生》（1936）、《东莞司法三日刊》（1946）、《东莞县工商日报》（民国）、"东莞警卫队之驻地"剪报（民国）、《东莞通讯》（1974）。由此可见，明确出刊于民国时期的东莞本地报刊有 7 种，内容涉及司法、工商、时局、教育等诸多方面，对研究东莞民国时期的社会状况，大有助益。在这 7 种报刊中，《莞中学生》是册数最多、内容最全、保存最好的一种报刊，具有很强的代表性。

　　《莞中学生》约创刊于民国十九年（1932）[1]，由学生自治会学术部主编，是学生会出版的唯一刊物，每学期出版一至二期（见图 3、4）。至于《莞中学生》创刊的目的，东莞中学 1938 年的毕业生芦苇在《＜莞中学生＞过去的概观》中写道："《莞中学生》发刊底目的，并不是有点缀着中华民国文坛的野心，最大的企图也不过是联系我们同学的写作，因作为一个喜欢研究文艺的青年，创作欲之火，正在他们的内心里燃烧，要发泄他，才觉得痛快，一篇文章在那个能够在众人面前发表了，精神上才能够得到很大的安慰。"[2]该刊以文会友，集思广益，在莞中极一时之盛。迨至 1938 年秋，莞城沦陷，学校拨迁，迫不得已而停刊。

　　《莞中学生》正文分为随笔与散文、论文、艺文、小说、译文、通信、剧本、诗等八个部分。因为时代的原因，《莞中学生》的不少文章不同程度地反映了该校学生对民族觉醒、抗战救国以及自我担当等方面的思考。如第八期《恢复我国固有的道德文化是否可以救济社会？》一文写道："固有文化之道德，是带有古代性，不带有合理性，不断向前进展的社会的现代，绝对不能向后退。回复在这进展的某个段落。恢复中国固有文化道德，不但不能救济向前进展的现代社会，还要使他退步和崩溃。"如第十三期《国难中谈救国》、第十四期《怎样负起当前的任务》、《学生会的活动怎样才能配合救亡运动》、《日本"二·二六"政变与中国民族出路》等，内容皆与抗战救国相关。这几册泛黄的馆藏《莞中学生》期刊，诞生于时局动荡的抗战时期，它们是那个时代人们意识形态的产物。透过里面的文字我们能够看到，当时的莞邑学子，在刀和枪

1　杨宝霖先生按：1947 年 5 月莞中校长卢鹏所谓《莞中学生》创刊于 1930 年，此说不甚合理。《莞中学生》应创刊于民国十九年（1932）五月二十六日。见《东莞中学前五十年资料编年》。

2　杨宝霖编：《东莞中学前五十年资料编年》，东莞中学印行，2002 年 8 月。

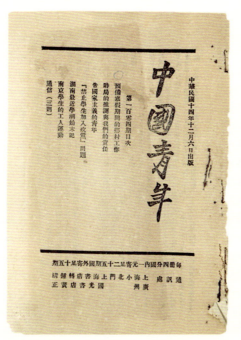
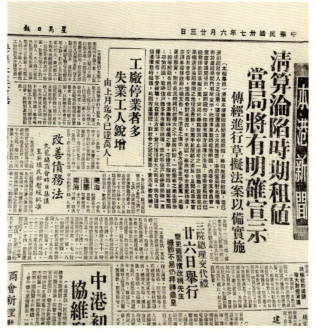

图 5　民国时期出版的《中国青年》
图 6　民国时期出版的《星岛日报》

的背后开辟了一个隐形的舆论阵地。尽管他们手无寸铁，但依然关切着国家的命运、民族的兴亡。

三　其他刊物

莞博藏民国报刊中，除数量较多的抗战刊物和莞邑刊物外，还有约二十种其他刊物，林林总总，内容庞杂。有诸如《中国青年》这般关注青年成长的红色杂志；有如《星岛日报》这般在香港出版，在大陆也有发行的境外刊物等等。这些刊物因主题不一，很难归入同一刊物种类，暂以"其他刊物"之名记。

《中国青年》：创刊于 1923 年 10 月 20 日，是共青团中央主管主办的历史最长的红色媒体（见图 5）。它的基本宗旨是：关注青年生存状态，服务青年成功人生。它重视同读者的联系，发表读者的意见，不断改进工作，成为最受青年欢迎的刊物，在青年中广为流传。后因受国民政府迫害，曾几次中断办刊、易名，共出 170 期，最高发行量三万份。《中国青年》是《先驱》停刊后改出的共青团中央的机关刊物，是"一般青年运动的机关"[1]。

《星岛日报》：创刊于 1938 年的香港，是一份历史悠久、发行量大、发行网络覆盖全球的中文报刊（见图 6）。现在的《星岛日报》除了在香港发行以外，也在美国、欧洲、加拿大、澳洲等国家和地区发行。它旨在为中产阶层读者群提供客观而深入的报道，尤以教育和地产新闻最为出色。

以上对莞博藏民国报刊进行了简单评介，从中我们可以发现，在近百份的民国报刊中，大致可分为"抗战刊物"、"莞邑刊物"以及"其他刊物"三种类别。其中以抗战刊物数量为最多，这些报刊中有国统区的报刊，也有解放区的报刊，虽政治色彩不一，但都有共同的宣传抗日的主张，这是那个时代特有的意识形态的产物。东莞本地的报刊出现的时间虽然较早，但现存并不多，莞博藏有的这七种东莞民国报刊，内容涉及民国时期的政治、社会、经济、司法、教育、军事，涉及领域较广，是研究东莞民国史的良好素材。其余的二十种报刊无统一主题，又无统一出版属地，且内容庞杂，难以统类，暂以"其他刊物"记之。

总之，东莞市博物馆藏民国报刊，种类丰富，内容详多，有相当重要的研究价值，留待有意者细细探究。另外，这批馆藏民国报刊存放时间较长，至少有六七十年，甚至上百年的时间。我们知道，纸质文物的保护难度很大，虽采取了一些切实有效的保护措施，如安装通风设备及空气过滤器、文物柜中加干燥剂和杀虫剂、减少光线照射等，但仍有很多报刊不可避免地出现了不同程度的污损、虫蛀等情况（见附表）。现值莞博筹建新馆之际，期待新馆的文物保存条件将会大大提高，必然有利于这批民国报刊的保存与利用。

---

1 王鹏程：《关于大革命时期＜中国青年＞周刊研究》，《黄石理工学院报（人文社会科学版）》，2011 年 06 期。

附表

东莞市博物馆藏民国报刊详情一览表

类别	序号	报刊名称	数量	单位	年代	完残情况	来源
抗战刊物	1	《战时教育》	1	册	1932 年	虫蛀，污迹，缺损	旧藏
	2	《抵抗》	4	册	1937 年	虫蛀污迹钉孔	旧藏
	3	《抗敌》	3	册	1938 年	虫蛀污迹缺面、底	旧藏
	4	《救亡呼声》	5	册	1938 年	虫蛀污迹钉孔	旧藏
	5	《救亡知识》	3	册	1938 年	虫蛀污迹	旧藏
	6	《抗战漫画》	2	册	1938 年	虫蛀污迹	旧藏
	7	《抗战》	2	册	1938 年	虫蛀污迹钉孔	旧藏
	8	《全民抗战》	2	册	1938 年	残破	
	9	《新战线》	1	册	1938 年	虫蛀，污迹，破损	旧藏
	10	《文摘战时旬刊》	1	册	1938 年	虫蛀，污迹，破损	旧藏
	11	《文艺阵地》	1	册	1938 年	虫蛀，污迹	旧藏
	12	《抗战文艺》	3	册	1940 年	残破、缺封面	
	13	《前进报》	10	份	1945 年	虫蛀破损污迹、泛黄	旧藏
	14	《中国的空军》	1	册	抗战时期	虫蛀，污迹，缺封	旧藏
	15	《抗战戏剧》	1	册	抗战时期	虫蛀，污迹，缺损	旧藏
莞邑刊物	16	《东莞工商月报》	1	册	1928-1929 年	虫蛀，污旧，破损	
	17	《莞中学生》	6	册	1935-1937 年	虫蛀，污旧，破损	
	18	《莞中周刊》	8	册	1934 年	污旧，虫蛀，破损	
	19	《明中学生》	1	册	1936 年	虫蛀，污旧，破损	
	20	《莞师学生》	1	册	1937 年	虫蛀，污旧，破损	
	21	《东莞司法三日刊》	1	份	1946 年	残破	旧藏
	22	《东莞县工商日报》	1	份	民国时期	虫蛀，污旧，破损	
	23	"东莞警卫队之驻地"剪报	1	份	民国时期	污旧	
其他刊物	24	《中国青年》	5	本	1925-1927 年	污透钉孔、破损松脱、虫蛀褪色钉孔	
	25	《现象报》	1	份	1948 年	残破	旧藏
	26	《光明》	1	册	1937 年	虫蛀，污迹，缺损	旧藏
	27	《东北知识》	1	册	1932 年	虫蛀，污迹	旧藏
	28	《学生论坛》	1	册	1935 年	虫蛀，污迹	旧藏
	29	《真善美》	1	册	1948 年	虫蛀、污迹、缺封面底	旧藏
	30	《华商日报》	1		1949 年		
	31	《文中月刊》	1	册	民国时期	虫蛀，污旧，破损	旧藏
	32	《自由》	1	份	1936 年	虫蛀，污旧	
	33	《先报》	1	份	1936 年	虫蛀，污旧，破损	
	34	《天光报》	1	份	1936 年	虫蛀，不完整	
	35	《超然》	1	份	1932 年	残破，污旧	
	36	《三民晨报》	5	份	1938 年	虫蛀、泛黄、折痕	征集
	37	《星岛画报》	1	份	1949 年	虫蛀、缺损、折痕污旧	征集
	38	《工商日报》	1	张	1949 年		征集
	39	《星岛日报》	1	张	1948 年		征集
	40	"广东省各区专员县市长姓名表"剪报	1		1947 年	污旧	
	41	《越华报》、《连刊西南沙群岛考察记》剪报	1	份	1948 年	虫蛀，污旧	
	42	《广州宏道日报》之"我国农村凋落现象原因及其救济方策"的剪报	1	份	1934 年		
	43	"广东省人口统计表"剪报	1	份	1947 年	虫蛀，污旧	

从馆藏教育文物看东莞民国教育

◎ 盛桂芳

　　东莞历来重视教育，北宋时已办学堂。明代时，成为"岭南人才最盛之处"。至清代，已有书院 35 所，社学、义学 24 所，居全国各县级之前列。关于东莞教育方面的研究，前人的成果并不多，一般集中在明清时期，如杨宝霖先生的《东莞学宫——留在东莞老人记忆里的文物》、《东莞在明代的人才和教育》及《明代东莞教育》；郭培贵先生的《明代东莞地区的科举群体及其历史贡献》等。东莞民国教育的研究，成果更是少见，只有些许零星记载和回忆片段，如《东莞教育史话》、《东莞中学史略》、《民元后二十年间东莞莞城"私馆"概况忆录》、《清溪中学筹办史略》、《东莞常平中学置办史略》等，多以回忆录的形式，讲述民国时期东莞教育的发展概况。东莞市博物馆（下称莞博）现藏有 20 余件与民国教育相关的文物（见附表），如民国时期东莞中学校内学生出版的刊物《莞中学生》、《莞中周刊》、《莞师学生》和《明中学生》等杂志；《东莞县立中学历史科目试卷》、《东江纵队政治部学校学生队第二期招生简章》等。这些文物和文献对于研究民国时期的东莞教育具有十分珍贵的史料价值。现就莞博馆藏民国教育的文物，择取有代表性的作一简要介绍。

一　馆藏民国教育文物介绍

1.　民国时期出版的《莞中周刊》

　　1937 年出版，东莞中学出版委员会编印，石龙万和印刷部代印的《莞中周刊》（见图 1），其中有文章谈到家庭教育：

　　什么是家庭教育？家庭教育就是家长在日常生活中，通过言传身教、生活方式、情感交流等方式，对子女施以一定的教育影响，继而家庭成员被彼此相互影响的一种社会活动……家庭教育是终身教育，它开始于孩子出生之日（甚至可上溯到胎儿期），婴幼儿时期的家庭教育是'人之初'的教育，在人的一生中起着奠基的作用。孩子上了小学、中学后，家庭教育既是学校教育的基础，又是学校教育的补充和延伸。

图 1　民国时期出版的《莞中周刊》第六期

图 2　民国时期出版的《莞中周刊禁赌专号》

图 3　民国时期出版的《莞中学生》第八期

可见当时教育观念的多样性和开放性。1937 年出版的《莞中周刊禁赌专号》（见图 2），有文章谈到《最后的胜利必归中国》。1937 年是中国抗战史上标志性的一年，7 月 7 日日军在北平附近挑起卢沟桥事变，中日战争全面爆发。在中国这片辽阔的疆土上，革命的火种在侵略者的暴力之下悄然蔓延。这篇文章也正是在这样一个山河沦陷、国破家亡的环境下诞生的。作为当时中学生的发声通道，虽然它相对于锋芒犀利的政治运动显得温和而稚嫩，但却真实地反映了抗日时期东莞青年学子的进步思想和爱国之情。

2.　民国时期出版的《莞中学生》

1934 年出版的《莞中学生》第八期（见图 3），期刊正文分为卷首语、随笔、散文和小说。在卷首语《中国农村经济崩溃的原因及其救济方法》一文中，作者提出了农村经济崩溃的原因：一方面是农民受土豪劣绅的榨取和天灾人祸压迫的事实，另一方面是农村的种植业已经养活不了农村众多的人口，于是造成了大量农民工进城务工，靠出卖廉价劳动力为生。因此说，农民的日子不好过，在这种情况下，救济的方法是：催促地方政府建设农村，解决农民生活问题。

从以上文物我们可以看出，民国时期的东莞中学坚持"自主、和谐、共同发展"的办学理念。在办学中充分尊重师生的独立意识。校内刊物《莞中周刊》、《莞中学生》、《莞师学生》和《明中学生》等杂志完全是由学生自行编辑出版的。这些活动，学生内在的探究和发展需要被唤醒了，学生学会了自主建构知识，形成健康开放的个性。这些对于我们了解东莞民国时期的教育发展状况及其对东莞经济、文化的影响都有十分重要的意义。

二　东莞民国教育概述

1912年元旦，中华民国临时政府在南京成立，同年9月，教育部明令废除"忠君"、"尊孔"的教育宗旨，颁布《壬子癸丑学制》。紧接着颁布了各种学校法令，将学堂改为学校，学校负责人改为校长等。1912年，中华民国教育部也明确规定："初小、师范、高等师范免收学费"，普及教育开始得到重视。1929年陈济棠主政广东时，世界性的经济危机爆发，广东是商贸重地，经济受到重创，加上国共分裂、粤桂战争、商团叛乱等动荡因素，经济更是雪上加霜。但在这样困难的时候，1932年陈济棠颁布《广东三年施政计划》，依然把教育摆在极其重要的地位，在明确"三年计划是以经济为重心"的前提下，强调"教育是立国之本……物质建设，精神建设，须均衡发展，不宜偏重物质建设。"据广东省档案馆的《民国时期广东省政府档案史料选编》显示，1932年广东省政府规定的各县经费支出比例是：建设费30%、教育费30%、公安费20%、其他20%。也正是在广东政局相对独立稳定，政府重视教育及教育经费相对充足的背景下，东莞的教育事业也如火如荼开展起来。

东莞在光绪二十八年（1902），创建"东莞学堂"，这是本县兴办的第一所中学堂。校址设在东莞县科举考试的考棚（今莞城东正路东莞中学校内）。初期学生60余人，办学经费由宝安书院旧租及入社蚬塘，莞城鱼栏台炮经费拨充，其余由明伦堂津贴。光绪三十一年（1905），设立东莞县学务公所，为早期的教育行政机构。民国初，劝学所改称督学局，局长由省教司委任。当时虽以"改良"思想推行学校教育，但仍注重读四书五经。1921年东莞成立县教育局，职司全县学校教育和社会教育。1937年，全县11个学区共有小学481所（县立46所、乡立55所、私立380所），学生58928人；县立中学2所（东莞中学、石龙中学），县立简易师范 1 所。到 1949 年，有中学（含师范）13 所，学生近 3000 人；小学 512 所，学生 5 万多人。

1929 年，创办"东莞县第三区立中学"（即石龙中学前身），仅一个初中班，学生约四五十人。1935 年，开办私立明生中学。

1943 年，创办济川中学；1946 年，创办虎门中学、常平中学、清溪中学共 3 所；翌年创办塘夏中学。

1947 年，本县以"东莞教授联谊会"名义创办广州莞旅学校。

1949 年东莞解放时，全县共有 8 所县立中学，其中东莞中学为完全中学，其余 7 所为初级中学；共设 58 个班（初中 48 个班，高中 10 个班），学生 1960 人（初中 1642 人，高中 318 人）。

三　东莞民国时期主要的教育机构

东莞中学：前身为"东莞学堂"。创办于清光绪二十八年九月一日（1902 年 10 月 2 日），学生 60 余人。1904 年改名为东莞初级师范学堂，1908 年更名为东莞中学堂，是东莞第一所中学。1924 年改名为东莞县立中学。

石龙中学：前身为 1929 年创办的"东莞县第三区区立中学"。翌年，学校因为未经县正式立案而被饬令停办。1931 年复办，仍名为"第三区区立中学"。1933 年，县正式立案，更名为"东莞县立石龙中学"。1946 年，迁入现址，其时有高、初中共 8 个班，学生 300 多人。

虎门中学：建于 1946 年，由东莞明伦堂拨款筹建，为抗日名将蒋光鼐创办。当时只设初中。首任校长谭之良是一位开明之士。1948 年，一批进步师生参加了共产党组织，翌年三、四月间，成立中共虎门中学临时支部。

常平中学：1946 年夏由明伦堂和当地筹资创建，校址在渡头村，当时只有初中 2 个班，学生 116 人。

清溪中学：创办于 1944 年。翌年，被县政府以"未立案"饬令停办。1947 年，由地方贤达乡绅重组校董会，8 月正式开班，招收秋季 2 个班，学生 102 人。该校地处山区，抗日战争时期曾是共产党组织抗日游击队活动的重要据点。

私立广州莞旅中学：原名"东莞旅省中学"。于 1947 年暑期以"东莞教授联谊会"的名义创办，公推明伦堂董事长蒋光鼐为校董事会董事长。翌年，开办高中 2 个班，初中 4 个班。该校经费主要由东莞明伦堂提供。

私立明生中学：建于 1935 年，国民党军政要人李扬敬为纪念其父李明生创办。由明伦堂资助部分经费。1949 年共有学生 442 人，其中高中 109 人，初中 333 人。

四　民国时期的教育经费

东莞教育之兴盛，离不开明伦堂的大力支持。明伦堂原是各地学宫的大堂名称，为生员讲经读书之所。清道光二十九年（1849），东莞明伦堂已拥有万顷沙六七万亩，所收租谷，为地方官绅所掌握，在县内兴办文教、交通、卫生等事业。民国时期，全县教育经费的 70%（后期至 90%）仍由明伦堂支持，不足地方由地方财政拨付。民国三十七年（1948），明伦堂总收入稻谷 12789542 斤，仅支出教育费稻谷就有 8253034 斤。还有每年收租的六七十万元，其中相当一部分用在其所办的教育事业及活动上面。东莞中学和石龙中学，由明伦堂负担全部经费，其余如虎门中学、道滘（济川）中学、明生中学等，由明伦堂补助经费；明伦堂还直接办了几间小学。此外，全县计有二百多所小学由明伦堂补助经费。明伦堂还兴修水利，发展交通和医疗卫生等公益事业。明伦堂为东莞的经济和教育事业做出了巨大贡献。

五　莞邑名人的主要功绩及回馈乡梓的事迹

经济的繁荣也促进了文化的发展，如东莞中学自建校以来，为国家造就了大批人才，抗日名将蒋光鼐就是该校学生。还有军政界、文化学术界、医学界、体育界等许多知名人士如王鲁明、祁峰、容庚、翟俊千、容肇祖、邓白、李讯萍、周庆均、徐景唐、王匡等均出自该校。

蒋光鼐（1888-1967），字憬然，东莞虎门南栅村人，是杰出的爱国民主人士和政治活动家，功勋卓越的抗日名将，新中国纺织工业的领导人。参加过辛亥革命，曾任国民革命军师长，第十一军副军长，参加过中原大战。1930 年任第十九路军总指挥兼淞沪警备司令。1932 年 1 月，率领十九路军抗击日军的侵略。1949 年，开始担任全国政协委员，后又历任中国纺织工业部部长，全国政协常委等职务。

作为莞邑儿女，蒋光鼐情牵故土，热心家乡公益。20 世纪 30 年代，为解决家乡父老求医无门之苦，他积极筹建中西医院结合的虎门医院，率先捐出五万元。1933 年 4 月，由美国工程师黄伯琴设计的虎门医院竣工。1934 年，他在"育婴堂"原址上创办吉云小学，使乡亲子弟获得免费受教育的机会。1941 年，蒋光鼐被推选为东莞明伦堂董事长。任职期间，他秉公办事，将资金投入到教育和慈善事业，大力促成虎门中学、莞旅中学的建立，并将广州住所无偿捐出用作校舍，还捐出《万有书库》一套，充实学校图书设备，推动家乡教育事业的发展。

容庚（1894-1983），原名肇庚，字希白，号颂斋，东莞莞城人。容庚出生于书香世家，自幼习四书，1916 年在东莞中学毕业后跟随其舅邓尔雅学习书法、篆刻、美术等，后立志编写《金文编》，受罗振玉赏识。1922 年进入北京大学研究所国学门。研究所期间，容庚完成了《金文编》的撰写和出版工作，这是我国第一部专门性的金文大字典。1926 年，容庚留校任北京大学讲师，后转入燕京大学任副教授。1934 年，容庚、容肇祖等人发起组织成立金石学会，后改为考古学社，对当时的文物考古调查和研究，起到直接推动作用。1946 年，接受岭南大学邀请，出任岭南大学中国文学系教授兼主任，后出任东莞明伦堂委员会委员。他一生勤奋治学，著作等身，著有《金文编》、《商周彝器通考》、《殷商青铜器通论》、《颂斋书画小记》等。

徐景唐（1895-1967），原名协和，字庚陶，东莞榴花乡鳌峙塘村人。粤军名将。其家乃书香门第。1909 年徐景唐在东莞县立中学毕业，赴广州考入黄埔陆军小学堂，后经武昌陆军第二预备学校进入保定军官学校，以优异成绩，推送为日本陆军士官学校第十三期辎重科。后历任粤军第一师第三团团长、广东省政府委员兼军事厅长、广州绥靖公署副主任、广东省政委委员兼民政厅厅长等职。徐景唐不论身处何地何职，都心怀故乡。1928 年 2 月，徐景唐在就任东区善后委员后，曾援助东莞 2 万元，以做造林经费。1933 年，为给乡亲子弟创造良好教育学习环境，他重修徐氏宗祠以作学校之用；1948 年，他在香港倡捐 8 万元港币给家乡修筑东江堤坝，并建凉亭一座。

王匡（1917-2003），原名卓培，广东东莞虎门人。早在弱冠之年，他便远离故土奔赴延安投身革命，身先士卒，戎马倥偬，南北转战。1977 年后历任国家出版事业管理局局长、新华社香港分社第一社长、国务院港澳办公室顾问。他数十年如一日为祖国工作，在新中国新闻、文化、宣传工作等方面作出了重大贡献。身为东莞人的王匡十分关心家乡的文化建设，1995年2月，他将其珍藏多年的47件（套）共51幅书画作品捐赠给东莞市博物馆，其中有启功、黎雄才、关山月等大家作品。王匡同志的高尚情操，完全源自于他对家乡的真情和爱，也因此赢得东莞人民的敬重。

李汛萍（1913-2000），东莞中堂人。自幼从名师学习国画，山水花鸟，无一不精，创作了大量描绘祖国锦绣河山的作品。他曾任香港美术研究会主席、香港公民体育会理事长、香港武术联会副会长等职，其武术、绘画弟子众多，遍及粤港。1993年，李汛萍将《万里长城图卷》献给故乡，由东莞市博物馆珍藏。此幅作品是当年已年逾古稀的李先生跋山涉水，历经七个省，行程一万两千多里，历时两年创作完成。图卷绘有长城四时景色和沿途风光，或雄关万里，或大漠无边，或古城遗址，或茫茫草原。在中国画史上，像这样以一人之力写尽长城全程者，实属罕见。

馆藏民国教育文物，可引发我们对东莞民国教育的再思考。从中我们可以得知，东莞的现代教育始于清末，至民国时已成相当规模。当时形成以东莞中学为代表的8所主要教育机构，它们对莞邑人才的培养和文化的提升，起到了不可估量的促进作用。而为这些教育机构提供主要教育经费的东莞明伦堂，造福乡梓，成莞邑一段佳话。蒋光鼐、容庚、徐景唐、王匡等人，则是东莞民国教育培养出的优秀人才代表。他们在各自的领域发光发热，同时不忘桑梓，为莞邑的发展尽心尽力，做出重要贡献。

附表

东莞市博物馆藏民国教育文物详情一览表

序号	名称	数量	单位	年代	完残情况	来源
1	中国教育工会证章	1	枚	民国	铜锈	捡选
2	新宁教师会会员证章	1	枚	民国	铁锈	捡选
3	《战时教育》期刊	1	册	1937年	虫蛀，污迹，缺损，不完整	旧藏
4	《莞中周刊》	8	册	民国	污旧，破损，虫蛀	旧藏
5	《莞中学生》	7	册	民国	虫蛀，污旧，破损	旧藏
6	《莞师学生》	1	册	1937年	虫蛀，污旧，破损	旧藏
7	《明中学生》	1	册	1936年	虫蛀，污旧，破损	旧藏
8	抗战时期《东江纵队政治部学校学生队第二期招生简章》单张	1	件	1945年	褪色，污迹	江福燊保存
9	抗战时期《东江解放区路东联合中学校招生简章》单张	1	件	1945年	虫蛀，污迹	江福燊保存
10	东莞县立中学历史科试卷	1	份	民国时期	虫蛀，污旧，残缺	旧藏

参考文献：

1　广东省地方史志编纂委员会编：《广东省志·教育志》，广东人民出版社，1995年。

2　何国华：《民国时期的教育》，广东人民出版社，1996年。

3　东莞市地方志编纂委员会编：《东莞市志·教育》，广东人民出版社，1995年。

4　东莞市地方志编纂委员会编：《东莞市志·东莞明伦堂》，广东人民出版社，1995年。

5　王元林、张龙主编：《东莞历史名人》，广东人民出版社，2003年。

6　《莞城千年文化》编委会：《莞城千年文化》，中国大百科全书出版社，2006年。

7　东莞市政协文史委员会编：《东莞文史·第二十四辑》，1996年。

8　政协广东省东莞市委员会编：《明清珠江三角洲（东莞）区域史国际学术研讨会论文资料汇编》，2008年。

9　东莞县政协文史组编：《东莞文史资料选辑·第七期》，1985年。

10　东莞县政协文史组编：《东莞文史资料选辑·第一期》，1983年。

东莞市博物馆藏华侨文物初探

◎ 封姗姗

"华侨"在不同时期有不同内涵。1955 年以前，"华侨"泛指在海外定居的有中国血统并在某种程度上保存中国文化的群体和个人，无论是否正式持有中国国籍；1955 年中国政府正式放弃双重国籍政策以后，"华侨"仅指那些保留中国国籍者[1]。而"华人"通常指一定程度上保持中华文化（或华人文化）或有中国人血缘的非中国公民。所以，华侨华人可泛指中国海外移民及其后裔。

一　广东华侨的分布

中国海外移民的历史悠久，自有海外贸易始，就有因贸易而留居海外的商人和水手。广东省地处中国东南沿海，自古对外贸易繁盛，因此海外移民的数量较多，是著名的侨乡。中国大规模持续性的海外移民开始于 16 世纪末直至 20 世纪中期，可分为三个阶段：

第一个阶段是 19 世纪中期以前。海外移民的主要原因有两个：一是因国内人口激增导致在国内谋生艰难而产生的推力，二是因西方进行的殖民开发急需大量劳动力而产生的拉力。海外贸易的繁荣，是中国海外移民的首要条件。这一时期的海外移民，以青壮年男性劳动力为主，大部分是自由移民，部分是被拐骗出国的契约华工。据推算，至鸦片战争前夕，海外华侨约有 100 多万人，广东华侨约占 50%-60%，绝大部分在东南亚地区[2]。

第二个阶段是从 19 世纪中期到第一次世界大战前。从 19 世纪中期到 20 世纪前期，移民主要以契约劳工的形式向世界各地迁移，出国契约华工超过 265 万人[3]，其中，东南亚地区 170 万人。掠运和拐卖华工到东南亚始于 17 世纪初期，至 19 世纪，华工多被诱骗拐卖出洋，时称"猪仔贸易"。到 20 世纪初期，出国

1　庄国土：《世界华侨华人数量和分布的历史变化》，《世界历史》，2011 年第 5 期。本文讨论的时间为 20 世纪 50 年代之前。
2　庄国土：《华侨华人与中国的关系》，广东高教出版社，2001 年。
3　广东省地方史志编纂委员会编：《广东省志·华侨志》，广东人民出版社，1996 年。

的华工已达四五百万之众，分布在亚洲、美洲、非洲和澳洲各地，约九成聚居在东南亚。这一时期，厦门、汕头、广州、澳门和香港曾次第成为苦力的贸易中心。广东也成为出国华工的主要输出地。

第三个阶段是第一次世界大战结束以后。东南亚的经济繁荣是海外移民涌向东南亚的直接动力。到1950年代初，世界华人总数约1200—1300万人，90%集中在东南亚。荷属印尼超过350万人，泰国约300万人，英属新加坡和马来亚共约310万人，越南约100万人，菲律宾和缅甸各约35万人，柬埔寨约42万人，老挝约5万人，文莱约1万人。[1]这一时期，移民中除了男性劳动力之外，也有女性加入。据布莱司所写《马来西亚华工简史》（1941）记载，在1933年至1938年海峡殖民地政府实行的移民法规定妇女移入马来西亚不受限制期间，"一船一船的广东妇女——多半是顺德和东莞的妇女来到马来西亚半岛"，她们大多充当家庭佣人，有的也在矿山、橡胶园做工。[2]

据20世纪80年代的估算，海外华侨华人约有3000万人，遍布世界各国，祖籍广东的华侨约占总人数的三分之二，即2000万人左右。[3]可见，广东是重要的侨乡之一。在广东，按照语言的差异，侨乡可分为粤语系侨乡、潮语系侨乡和客家语系侨乡。粤语系侨乡是分布最广的侨乡，包括广州、佛山、江门、珠海、湛江、茂名、韶关、深圳、东莞和肇庆等地区。这些地区侨居海外的移民，通过艰苦卓绝的工作，不仅对侨居地的经济发展、文化交流做出了贡献，也为家乡经济、文化的发展做出了贡献。因此，通过征集、保存和研究他们留下的物件（华侨文物），可以更好地了解认识海外华侨当时的生活状况和奋斗的历史。

二　馆藏华侨文物概况及分类

东莞市博物馆馆藏文物种类丰富，不仅体现了地方综合性博物馆的收藏职能和特色，而且为文物研究、历史研究提供了实物资料。其中，馆藏的近百件（套）华侨文物，征集于2013年，年代多为民国时期。它们从不同的侧面折射出二十

1　庄国土、刘文正：《东亚华人社会的形成和发展》第12章，厦门大学出版社，2009年。

2　广东省地方史志编纂委员会编：《广东省志·华侨志》，广东人民出版社，1996年。

3　广东省地方史志编纂委员会编：《广东省志·华侨志》，广东人民出版社，1996年。

世纪前后华侨的生活场景，也为后人更好地了解东莞华侨历史、认识东莞华侨的历史地位和作用提供了可能。

图 1　1928 年华侨银行有限公司 NO.6/4745 汇票

图 2　1936 年杨世鍒华侨银行汇票

这批华侨文物大致可分为侨汇票据、证件、侨批、书籍和生活用具等。

1.　侨汇票据类文物

馆藏华侨文物中，侨汇票据类文物在数量上占比例较大。年代多为二十世纪二三十年代。其中有 6 件汇票出自华侨银行有限公司，由此可见，华侨银行有限公司是华侨往国内汇款的主要渠道之一，反映了华侨们对华侨银行有限公司的信任。

在所有侨汇票据中，汇款数额均不大，一般在 1000 美元以内。1928 年华侨银行有限公司 NO.6/4745 汇票（图 1）汇款额为 200 美元；1936 年杨世鍒华侨银行汇票（图 2）汇款额为 500 美元；1939 年詹水回华侨银行汇票（图 3）汇款额为 500 美元。这些国外汇款对改善当时的华侨家眷生活和促进当地经济社会的发展都起过重要作用。

除了个人汇票外，在这批征集的汇款票据华侨文物中，也有几张特殊的票据，如 1938 年旅美华侨统一义捐救国总会有奖券（图 4）。从这张票据上，可以看出旅美华侨们对国内形势的关注。面对日寇的侵略，旅美华侨积极组织起来，成立旅美华侨统一义捐救国总会，筹集资金支援国内的抗战。

自 1931 年以后，日本侵华日渐加剧。1937 年发动卢沟桥事变，全面侵华。日军侵略步步紧逼，国民政府被迫抗战。但是，多年军阀混战削弱了国民政府自

图 3　1939 年詹水回华侨银行汇票

图 4　1938 年旅美华侨统一义捐救国总会有奖券

身财力。据统计，抗战全面爆发的 1937 年，国民政府财政收入不过约 21 亿元，而一年的军费则需近 14 亿元。[1]面对巨大的军费支出，海外华侨积极组织救国会，筹集资金支持国内抗战。华侨的财力支援正是雪中送炭，"当抗战开始时，政府发行救国公债 50 亿元，海外华侨即认购半数以上"，[2]可见华侨对抗战的贡献之大。

2.　生活用具文物

馆藏文物中有较多华侨日常生活用具，包括装钱的铁钱箱、暖水瓶、火水炉、手电筒、水熨斗、爽身粉罐、化妆品盒、香水瓶及餐具（图 5-7）等。从这些生活用具中，可以窥见当时华侨及其家眷的日常生活状况。

华侨往来进出侨乡，自然把海外的一些生活用具和生活方式带进侨乡。像华侨用过的餐叉（图 8），便是饮食习惯受到影响的例证。其他一些生活用具，如手电筒（图 9），可以代替灯烛照明，光源稳定使用便捷。而爽身粉、喷雾香水、各种化妆品，则让人们的生活更为精致讲究。

3.　证件类文物

证件类的文物多为华侨登记证、华侨身份证、申请表、声明书等。如 1940年缅甸华侨雷玩槐华侨登记证（图 10），清楚地写明雷玩槐是广东人，生于中国，年 18 岁，于民国二十五年（1936）入境缅甸，当时居于缅甸经商，商号为联兴。该证为中华民国二十九年（1940）三月二十一日，驻吉隆坡领事馆发给，并注明了该登记证只收登记费国币两角。

1　中国第二历史档案馆：《中华民国史档案资料汇编（第五辑）·第二编财政经济（一）》，江苏古籍出版社，1994 年。

2　华侨革命史编纂委员会：《华侨革命史（上）》，台北：正中书局，1981 年。

图 5　民国时期华侨用过的爽身粉罐

图 6　民国时期华侨用过的化妆品盒

图 7　民国时期华侨用过的香水瓶

图 8　民国时期华侨用过的餐叉

图 9　民国时期华侨用过的手电筒

4. 侨批类文物

侨批也是馆藏华侨文物中的一部分。其中以民国时期菲律宾华侨谭裔慈给儿子谭烨华的信（图 11）最为完整。从这封信中可以看出：第一，菲律宾华侨人数较多联系较为密切，父亲谭裔慈与多人互相委托寄信寄物，互帮互助；第二，中国、菲律宾、美国货币兑换汇率的变动，致使直接汇款多有不划算且须付手续费，因此直接书信寄送或托人捎带显得更加便利；第三，华侨们在外辛苦经营以全力支持国内家眷，信中父亲谭裔慈多次叮嘱儿子谭烨华"儿母子安心居家，费用吾当设法继续寄回，儿安心读书可也"。

这封父亲给儿子的家信，正是那个时代千千万万华侨家庭生活的写照。透过这封信，我们可以更清楚地看到东南亚地区华侨聚集地中旅菲华侨的生活及对国内家眷的牵挂和供养状况。

5. 书册类文物

在书册类文物中，有中华民国海外华侨演说团演讲队油印资料《国民真谛》册，

图 10　1940 年缅甸华侨雷玩槐华侨登记证

图 11　民国时期菲律宾华侨谭裔慈给儿子的信

有 1935 年加拿大云高华（温哥华）中华会馆印《华侨回粤携带行李货物须知》册（图 12），还有一件是中华民国华侨数目部。

从《华侨回粤携带行李货物须知》册上可知，印制时间为民国二十四年（1935）九月，系当时的广东侨务委员会主席委员林翼中为保护回粤华侨入关携带财物安全而印制此册，希望海外侨众周知而避免受欺骗。这是当时政府为保护回粤华侨的正当利益而采取的措施。

三　馆藏华侨文物的价值

华侨文物不仅是广东侨乡的重要见证，也从微观的角度诉说了东莞华侨的沧桑故事，更为我们研究华侨历史、华侨文化及华侨的作用提供了历史文物和文献资料。

第一，馆藏侨汇票据和华侨生活日用品反映出华侨对东莞经济的发展和文化繁荣做出的贡献。从一张张汇款单中，我们看到的不只是海外华侨对国内家眷的经济支持，更是对家乡经济发展的支持。他们在海外艰苦创业赚取金钱，转递回国内家眷，由国内家眷消费，改善自身生活的同时，也刺激了国内供需关系，带动了国内经济的发展。同时，华侨也将国外先进的工业产品带入国内，为生活提供了便利，也加速了国内生活方式的转变。华侨们还在东莞投资建厂，回馈社会，

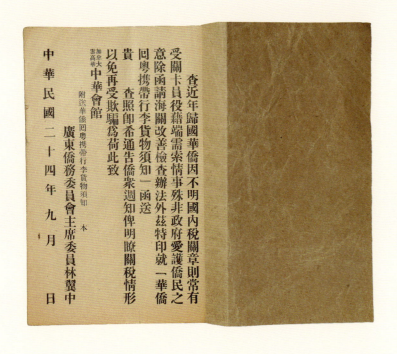

中華民國二十四年九月 日

廣東僑務委員會主席委員林翼中

中華會館

附送華僑回粵攜帶行李貨物須知　本

加拿大雲高華

以免再受欺騙爲荷此致

貴查照卽希通告僑衆週知俾明瞭關稅情形

回粵攜帶行李貨物須知一函送

意除函請海關改善檢查辦法外茲特印就一華僑

受關卡員役藉端需索情事殊非政府愛護僑民之

查近年歸國華僑因不明國內稅關章則常有

图12　1935年加拿大云高华（温哥华）中华会馆印《华侨回粤携带行李货物须知》册

不仅促进了东莞经济的发展，更加速了东莞现代化的脚步。

第二，馆藏侨汇票据类文物也反映出华侨对中国民族民主革命做出的贡献。海外华侨虽身在异邦，却心系祖国，关心国家命运民族存亡。在中国民族民主革命的各个时期，广大华侨都为革命的胜利给予了人力物力支持。早在辛亥革命时期，海外华侨便对孙中山先生领导的民主革命给予了大力支持，孙中山先生也曾赞誉海外华侨为"革命之母"。抗日战争时期，海外华侨也积极组织起来为抗战募捐，并组成回国服务团，投身抗日战争，为抗战的胜利做出了不朽的贡献。抗战期间，在延安工作的归侨干部中就有祖籍广东东莞人士。更有不少东莞籍海外志士加入华侨组织的回乡服务团等，赶赴国内战场，参加抗敌战斗。

第三，侨批类文物折射出华侨对家乡文化教育的发展做出了贡献。海外华侨在海外做工、经商，通过辛勤的劳动积攒财富，全力供养在国内的子女读书上学。从一封封家书上我们看到海外的父母对国内孩子求学的殷切期盼、深情叮嘱。更有许多华侨捐资助学，支持家乡教育。建国后，一批热心东莞教育事业、关心下一代成长的爱国华侨和香港同胞共同捐资创办的华侨中学，为社会培养

图 13　民国时期华侨用的火水熨斗

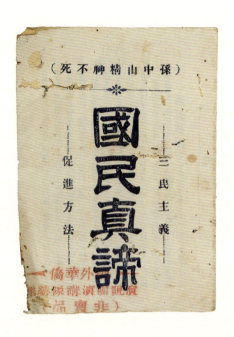

图 14　民国时期华侨演说团演讲队总队印制的《国民真谛》

了大批人才。

　　综上，馆藏华侨文物虽然数量不多，但在丰富馆藏资源等方面与其他品类文物起着同等重要的作用。征集、收藏和整理华侨历史文物，不仅为开展华侨历史与文化研究提供了资料，而且有助于陈列展示华侨历史文化，传承和弘扬华侨精神。

以史为镜　览物鉴今

——浅谈馆藏抗战文物的现实意义

◎　刘鸣泰

　　抗日战争，是中国人民反抗日本帝国主义侵略的革命战争，是近代以来中国人民反对外敌入侵第一次取得完全胜利的民族解放战争。战争已经随着时间远离，但是抗战文物作为物化的历史长期存在。作为抗日战争历史的重要见证，抗战文物具有重要的历史价值，客观地反映了抗日战争时期社会政治、经济、军事、人文等各个方面的史实，帮助后人更好地了解这段历史。

　　东莞市博物馆现有藏品 9542 件（套），其中有 300 多件（套）抗日战争文物，虽然数量不多，但却是东莞抗战历史的最好见证物，对后人开展学术研究、陈列展示、宣传教育等提供重要的依据，为后人了解这段历史提供可靠的素材。

一　馆藏抗战文物简析

　　馆藏的 313 件（套）抗战文物，主要来源于抗战烈士及家属捐赠、政府捐赠、本馆征集。大致可分为文献类、手稿类、书刊传单类、武器装备类和生活用具等。为了方便我们对这些文物的认识，本文对这批文物进行梳理和阐述如下：

　　1. 文献类

　　馆藏抗战文献主要有抗战时期宣传民众积极抗战的丛书、当时伟人们鼓励抗战的著作、国外传播马列主义理论著作、战时日本侵略者编著的中国北方地图册、日本侵略者纪实全辑等。其中朝日新闻社发行的《支那事变写真全辑》一书充分表明了当时日本侵略者侵略中国的野心，反映了近代日本研究中国的方法和路径。

　　2. 手稿类

　　馆藏手稿类抗战文物，主要有抗战时期东纵战士战时的歌本、登记表、抗战将领随军笔记、战士履历表、日记本、抗日英雄手迹、著作手抄本等。抗战歌曲的历史使命和神圣职责，就是唤起民众和打击敌人。东纵战士的歌本从诞生的那一

刻起，就成为岭南人民抗战的一个重要组成部分。在日寇铁蹄肆意践踏中华大地、
"国亡家破祸在眉梢"之际，抗战歌声唤起了民众，凝聚了人心，震撼了每一个"不
愿做奴隶的人们"。东纵战士们传唱的抗日歌曲作为抗击日本侵略者和宣传的锐
利武器，不仅团结了群众，更鼓舞了抗日将士舍身杀敌的勇气，在军事训练、行军、
集会、战斗之前、临阵杀敌等时刻都发挥了很大宣传作用。

　　3.　书刊传单类

　　馆藏书刊传单类抗战文物有当时的内务手册、情报通令、通知、组织章程、
政治教材、宣传单、东莞各个中学学生救亡组织编发的支持抗战的杂志、抗战漫画、
党员战士须知和学习参考资料等。其中《抗战漫画》具有以下几个特点：一是主
题突出，具有强烈的时代感和战斗精神。这自然是基于全民抗战的现实，漫画作
者正是通过在抗战现实中的敏锐观察和精心提炼，通过针砭时弊，歌颂人民救亡
图存运动，才使题材多样的抗战漫画成为投向敌人的匕首和鼓舞国人士气的号角。
二是具有强烈的爱国主义精神。这是抗战漫画最显著的特色。漫画作者以救亡为
己任，充满民族自信，把抗战必胜和侵略者必败的信念传达出来，在战争的洪流
中和艰难的条件下，以可贵的抗争和奋斗精神投入到抗战漫画的创作中，或晓谕，
或歌颂，或讽刺，或鞭挞，为反侵略呐喊，为正义与和平呼唤，以独特的宣传方
式激发着中华儿女的抗日热情。三是大众化。漫画作者充分利用漫画通俗易懂的
形式，走近民众宣传抗日主张，进而唤起千百万民众的抗战热情。

　　4.　武器装备类

　　馆藏武器装备类抗战文物有东江纵队战士用过的长枪、步枪、子弹、刺刀、手
榴弹、手枪套、子弹带、子弹夹等。其中有一件曾生用过的步枪管。曾生（1910 –
1995），广东惠阳坪山人。1940 年 9 月，任广东人民抗日游击队第三大队大队
长，率队从宝安挺进东莞大岭山地区创建大岭山抗日根据地。1942 年 2 月至 1943
年 11 月，任广东人民抗日游击总队副总队长、总队长，东江军政委员会委员，分
工领导惠宝边区敌后抗战。1943 年 12 月任广东人民抗日游击队东江纵队司令员。
1945 年 8 月 15 日，被朱德总司令指定为华南抗日纵队接受在广东日军投降的代表。

　　5.　生活用具

　　馆藏抗战时期生活用具类文物，包括抗战战士和当时百姓的生活用具，可看
出在抗战时期严峻的形势下战士们和普通民众的艰苦生活状况，在如此艰苦的环

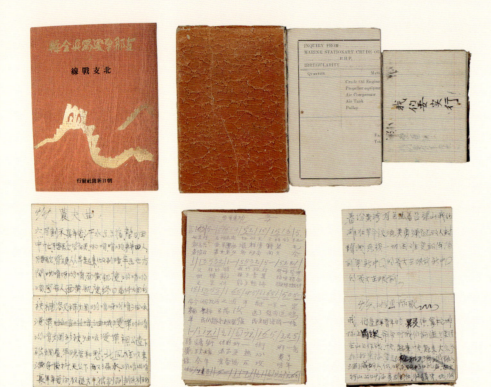

图 1　《支那事变写真全辑——北支战线》封面

图 2　抗战时期东江纵队战士歌本

境下中国人民自强不息，持续抗战，保卫家园，充分体现了中华民族艰苦奋斗的传统美德。

二　抗战文物的意义

首先，抗战文物为抗战历史的研究提供了重要的事实依据。以史为鉴，可以知兴替。抗日战争作为中国近代以来第一次获得全面胜利的反侵略战争，是中国从衰败走向振兴的重要转折点，也是影响中国国际地位从受到轻视转变为举足轻重的重要事件。抗战文物正是这段历史的真实反映，为研究抗日战争在中国近现代史上的地位，中国在世界反法西斯战争中的作用，中华民族复兴的历程等重大课题提供事实依据。近年来日本右翼势力尝试不断修改历史教科书，企图掩盖历史真相，美化侵略战争。抗战文物是日本军国主义所犯罪行的铁证，是对日本国内的右翼势力篡改历史行为的有力打击。

其次，抗战文物是振奋民族精神和进行爱国主义教育的好教材。中华民族在这场旷日持久、艰苦卓绝的战争中取得胜利离不开同仇敌忾、万众一心、共御外

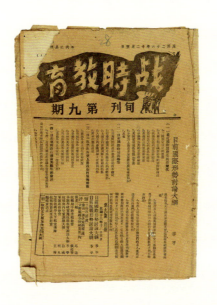
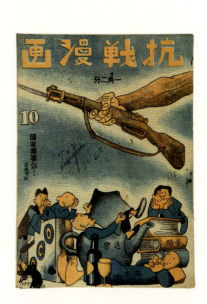

图3　抗战时期《战时教育》杂志封面

图4　抗战时期《抗战漫画》杂志封面

侮的抗争精神，离不开先烈深明大义不怕流血的牺牲精神，更离不开抗日民族统一战线下团结起来的千千万万的炎黄子孙所凝结的民族精神。抗日战争同时也是中华民族抗击屈辱的战争，中国人民坚决地维护了民族的独立和主权完整，更孕育了以爱国主义为核心的抗战精神。这种精神凝结了中华民族的光荣传统，凝结了中国人民的坚强性格，是必须传承和发扬的民族瑰宝。东莞市博物馆的抗战文物就是一部鲜活的教材，也是对这种民族精神的重要见证。重温历史，对于中国的社会主义建设有着重要的政治意义。

三　从抗战时期的宣传工作反思当今博物馆的宣传教育问题

以史为鉴。在馆藏文物中，可以看到不少东江纵队战士创作的诗歌、戏剧、歌曲和宣传画等。从中可以了解，当时东江纵队的宣传工作丰富多彩、有声有色，为抗战的最后胜利起到了巨大的推动作用。在那艰苦的岁月，党的宣传工作仍做得如此到位，不禁让笔者反思当下，特别是博物馆的宣传教育工作。当今，国内政局稳定，人民群众生活安定，经济稳步发展，国家高度重视文化宣传工作，我

图5　抗战时期曾生使用过的"七九"枪管

们没有理由不把文化宣传工作做得更加出色，更加符合并满足群众的需求。

　　博物馆不是简单意义上的文物库房。近年来，东莞市博物馆充分利用自身的藏品优势，紧跟时代，进行了扎扎实实、科学严谨的学术研究，并将学术研究成果充实到展览中，以展示、讲解、详尽的说明和教育体验互动等多种形式，使观众了解、掌握相关知识，吸引了更多的观众走进博物馆。

参考文献：

1　盛天文：《与时俱进、拓展博物馆宣传教育功能》，《兰州大学学报（社会科学版）》第 38 卷，2010 年 10 月。

2　吴慧珍：《拓展博物馆教育功能之我见》，《博物馆研究》2006 年第 4 期。

3　赵立波：《整体推进文化体制改革》，《人民日报》，2010 年 10 月 12 日。

4　马克思：《1844 年经济学哲学手稿》，人民出版社，2000 年。

从馆藏文物看新中国成立初期东莞的工商业

◎ 叶惠芬

　　东莞自古是工商业发达的地区。东莞市博物馆目前藏有一批反映新中国成立初期工商业的文物，涉及糖、油、火柴等关系民生的行业。透过这些或锈蚀褪色，或虫蛀污旧的文物，我们可以窥见当时工商业发展的端倪。研究这些蕴涵历史信息的文物是笔者作为文博工作者的责任，也是博物馆为社会大众打开历史天窗的重要途径。

一　以东莞糖厂为例看东莞工商业的发展轨迹

　　东莞市博物馆藏有一枚 1951 年中国食品工会广东东莞糖厂委员会证章（如图 1），直径 2.9cm，厚 0.16cm，铁锈褪色，正面铸有"中国食品工会广东东莞

糖厂委员会"的字样。这一枚旧证章见证了解放初期的东莞糖厂在新中国新政策下快速整顿和迅速发展的历史，也是东莞县工商业在新中国成立初期历史新篇中的缩影[1]。东莞糖厂，始建于 1935 年，现为东糖集团，现址位于莞樟路。1949 年 10 月东莞解放后共产党派出军事代表小组正式

图 1　1951 年中国食品工会广东
东莞糖厂委员会证章

接管东莞糖厂。自此，东莞糖厂实现从私营资本企业到中央直属企业的转型，正式投产后榨糖量迅速提高，效益见好，工人福利得到保障，东莞糖厂名声在外。

　　像东莞糖厂这样在新中国政策下得到焕然一新改变的企业有很多。东莞工商业发展到近代，由于抗日战争及解放战争这段艰难岁月的历史因素，几乎处于停顿状态。新中国成立前，东莞县在国民党政府横征暴敛的政策下，地方税从 1949 年 1 月份的金圆券 1441930 元，增至 6 月份的 14107671504 元，约增长了 1 万倍，东莞县

1　赵丽萍、伍雪平、胡少萍、邢旭瑶：《叶芬：糖厂榨蔗猛增 向毛主席报喜》，《东莞日报》2009 年 9 月 3 日第 A08 版。

的整个工商业一时呈现萎缩状态[1]。直到新中国成立后，东莞工商业才逐渐走向恢复和发展。

新中国成立初期，人民政府采取了控制、投放、节约财政开支等宏观经济措施逐步对投机垄断的资本给予打击，1950 年 5 月东莞县人民政府召开的第一届各界人民代表会议，稳定金融物价和恢复工商业是会议议题之一。当年物价基本稳定。其后，东莞县设立了工商局及南方贸易公司，对粮食、食糖、纱布等关系人民生活的主要商品，进行统购和加强管理。通过一系列措施稳定市场，发展国营商业，并于 1954 年逐步对主要商品实行统购统销，县政府的工商科分出商业科，专门对商业工作进行负责。1950 年至 1952 年，县政府先后成立了东莞贸易公司、县供销合作社、基层供销合作社以及国营百货公司、国营花纱公司，经营粮油、棉花、食糖、纱布以及土特产。其后，东莞县政府于 1956 年 1 月正式成立东莞县工商联合会，基本完成了对资本主义工商业的改造[2]。

二　从石龙火柴厂的发展看新中国成立初期东莞公私合营

新中国成立初期，东莞原有火柴厂 22 家，光石龙就有永记、生昌、五羊、光亚、新兴华、泰兴、兴龙、光明等 8 家，1951 年至 1956 年完成三大改造期间，火柴厂纷纷组成合营社，如石龙镇火柴工业合营社是由石龙永记柴枝盒片厂等 8 家火柴厂组成[3]。1951 年石龙镇五羊、光亚、新兴华、远光、泰兴、光明等厂组成石龙镇火柴工业联营社，后经县人民政府批准组成火柴工业合营社，成为当时东莞最早的一间合营企业，到 1953 年火柴纳入国家统购统销，1955 年石龙火柴工业合营社和五羊永记枝片锯木厂合为公私合营火柴厂[4]。对比东莞市博物馆藏现代火柴（火花）文物列表，我们不难发现，这一时期火柴厂组成合营社后依然沿用旧有的牌子，比如广东石龙火柴合营社出品的火柴仍然使用"泰兴"牌。

1　东莞市地方志编纂委员会编：《东莞市志》，广东人民出版社，1995 年。
2　东莞市地方志编纂委员会编：《东莞市志》，广东人民出版社，1995 年。
3　佚名：《"三大改造"完成 东莞进入社会主义》，《东莞日报》2011 年。
4　东莞市地方志编纂委员会编：《东莞市志》，广东人民出版社 1995 年。

东莞市博物馆藏现代火柴（火花）一览表

编号	名　称	数量	单位	质地	时代	牌子	厂家	内容
1	东莞石龙火柴厂火柴	1	盒	纸、木	20世纪60年代	——	东莞石龙火柴厂	正面印有"为人民服务"、"东莞石龙火柴厂"字样及红黄双色的天安门图案，盒内装满火柴。
2	石龙火柴厂孖枝牌火花	1	本	纸	20世纪50年代	孖枝	石龙火柴厂	正面印有"孖枝"、"次火柴"、"增加生产"、"繁荣经济"、"石龙火柴厂制"的繁体字样。
3	广东石龙火柴工业合营社工厂牌火花	1	张	纸	20世纪50年代	工厂	广东石龙火柴工业合营社	正面印有"工厂牌"、"广东石龙火柴工业合营社制"的繁体字样及彩色工厂图案。
4	广东石龙火柴合营社泰兴牌火花	1	张	纸	20世纪50年代	泰兴	广东石龙火柴合营社	正面印有"泰兴"、"增加生产繁荣经济"、"上等火柴"、"安全好用"、"广东石龙火柴合营社出品"的字样。

公私合营是新中国成立最大的一场经济体制改革，1955年11月中央政治局召开会议，讨论通过《关于资本主义工商业改造问题的决议（草案）》，规定要有偿地、逐步地改变资产阶级所有制。从此，对私人工商业的改造，开始推进到全行业公私合营阶段。当时采用"赎买政策"，即私方人员领取每月工资，还按合营资金中每年提取5%的本息收益，提取十年。道滘镇叶振锵的《五十年代道滘的工商业改造——公私合营》[1]详细记载了建国初期道滘工商业公私合营的情况，记录了当时的工业、商业、手工业、小商贩如何实现公私合营的情况。道滘草织业是当时道滘最大的产业，1960年成功转为东莞县地方国营道滘草织厂；造船业也成立公私合营东莞县道滘造船厂；商业以药材铺为最大行业，成立公私合营道滘国药商店[2]。

东莞县自1949年11月在大岭山连平乡办起全县第一个供销合作社起，公私合营的努力一直没有停歇，直至1956年，全县私营商业终于掀起公私合营高潮，资本家纷纷申请合营。全县手工业劳动者代表会议于1956年初召开，会上正式成立东莞县手工业生产合作社联合社。至年底，基本完成对手工业的社会主义改造任务。农村私营工商业自1955年夏天成立代销店、经销店、合作小组，社会主义改造运动在1956年底实现，由供销合作社全面实行公私合营。此期间，全县供销合作社第一届社员代表大会提出了以开展互助合作为中心的爱国增产运动。

东莞市博物馆藏新中国成立初期火柴（火花）上印有"增加生产"、"繁荣经济"

1　东莞石龙镇人民政府编：《石龙镇志》，岭南美术出版社，2004年。

2　叶振锵：《五十年代道滘的工商业改造——公私合营》，《东莞文史》（第30期），1999年。

等标语，印证了当时的政策要求。

三 新中国成立初期东莞工会对工商业的影响

广东是中国工人阶级最早产生的地方。广东工会联合会于1923年2月在广州成立。民主革命时期，广东工会联合会大力组织工人参加、支持孙中山革命政府和反帝爱国斗争，带领广东工人在革命斗争中发挥了工人阶级主力军作用。新中国成立后，广东工人阶级在党的领导下，迅速组织起来，工会运动蓬勃发展。广东省总工会于1953年4月15日在广州正式成立。社会主义建设时期，广东省总工会带领广大职工群众在恢复和发展国民经济和全面开展社会主义经济建设中做出巨大贡献，涌现了一批批劳动模范和先进人物，充分发挥了主力军作用。

1950年东莞全县工人代表大会召开，正式成立东莞县总工会，1954年东莞县第一届工会会员代表大会召开，将东莞县总工会改称为东莞县工会联合会。像东莞糖厂这样的企业在当时纷纷成立工会。相比解放前，工人福利待遇得到提升。1951年至1952年开展的"三反"（反对贪污、反对浪费、反对官僚主义）、"五反"（反行贿，反偷税、漏税，反盗窃国家资财，反偷工减料，反盗窃国家情报）运动，清除了党和国家机关队伍中的腐化分子，抵制了旧社会恶习和资产阶级的腐蚀，为国民经济的发展创造了良好条件。1952年初，东莞县委县政府进一步发动工人群众，团结守法资产阶级，开展清查不法资本家"五毒"（行贿、偷税漏税、偷工减料、盗骗国家财产、盗窃国家经济情报）行为的斗争。"五反"运动的结束使全县数十个行业、5600多工商户问题得到以交代清楚，从而转入正常生产。工人在工会组织下，在"五反"运动中打击了不法私商的违法行为，广大私营工商业户在这些运动中受到遵纪守法教育，工商业者进一步团结起来，人民民主统一战线和工人阶级在国营经济中的领导地位得到进一步巩固。

参考文献：

1　东莞市地方志编纂委员会编：《东莞市志》，广东人民出版社，1995 年。

2　东莞石龙镇人民政府编：《石龙镇志》，岭南美术出版社，2004 年。

3　中国人民政治协商会议东莞市委员会、文史资料委员会编：《东莞文史》（第三十期），1999 年。

4　赵丽萍、伍雪平、胡少萍、邢旭瑶：《叶芬：糖厂榨蔗猛增 向毛主席报喜》，《东莞日报》2009 年 9 月 3 日第 A08 版。

5　中国东莞官方网站大事记
　　http://www.ssl.gov.cn/publicfiles//business/htmlfiles/cndg/s631/38338.htm#50。

6　佚名：《"三大改造"完成 东莞进入社会主义》，《东莞日报》2011 年 7 月。

7　中国东莞官方网站东莞要闻《东莞党史风云·"三反"、"五反"运动》：
　　http://www.ssl.gov.cn/publicfiles/business/htmlfiles/cndg/s332/201106/363150.htm。

8　广东省总工会官方网站 http://www.gdftu.org.cn/ghgk/szgh/。

东莞市博物馆藏新中国成立初期土地房产所有证浅析

◎ 林树军

东莞市博物馆历来十分重视开展文物征集工作，为新馆筹建储备各门类内容丰富的文物藏品。近年来，我馆从寮步镇征集到一批新中国成立初期（1950-1953年）的土地房产所有证，为人们了解和研究当时东莞的土地政策留下了宝贵的历史实物。

一　土地房产所有证概述

土地房产所有证，简称土地证，是中国农村土地改革后，由人民政府填发的一种土地（包括房产）所有权凭证，用以代替原来的土地房产契约。《中华人民共和国土地改革法》于1950年6月30日由中央人民政府颁布实施。自此，全国农村开展了轰轰烈烈的土地改革运动，土地房产证就是当时农民拥有土地和房产的凭证[1]。首批土地房产证书承载着中国农民对土地支配权的渴望，土地改革摧毁了农村中的封建剥削制度，提高了农民的主人地位和政治觉悟，解放了农村生产力，确定了贫农在农村中的优势，有力地巩固了工农联盟和人民民主专政政权。当时对农民新分得的和原有的土地房产、富农保有的土地房产以及地主分得的土地房产均发给此证，证上写明各段土地的坐落、四至、面积、房屋间数及持有者全家人的姓名等。城市郊区完成土地改革后，对农民使用的国有土地发给土地使用证，对农民原有的土地则发给土地所有证。看似普通的土地房产证，实则担负着重要的历史责任。

二　馆藏新中国成立初期土地房产所有证

1951年至1953年，东莞县通过开展清匪反霸、减租退押的"八字运动"，正式开展土地改革。1952年的主要方针是依靠贫雇农，团结中农，孤立富农、打击地

1　《最早土地房产证现身中山？》，《中山日报》2008年8月27日。

主，土地的分配原则是以产量计算，中间不动两头平。1953年，以贫下中农协会为组织基础，成立丈田发证委员会，进行土地丈量，登记发证工作。并以乡为单位召开群众大会焚烧旧田契，颁发新土地证[1]。东莞市博物馆现藏有21件解放初期的土地房产所有证（见附表1），上面均写有东莞县解放初期经过土地改革，本地农户分到土地的情况。如东莞农户游祖平等人的土地房产所有证上所写（见图1）：

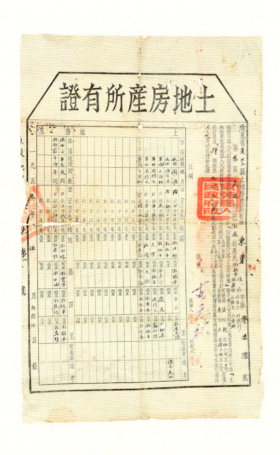

图1　1953年游祖平等人土地房产所有证

> 土地房产所有证：广东省东莞县土地房产所有证（东票字第零伍陆号）第三区粟边乡（镇）游屋村村民：游祖平、游庆坚、陈崧、游暖仔、游集英、刘黄珍、游集雄。依据中国人民政治协商会议共同纲领第二十七条【保护农民已得土地所有权】暨中华人民共和国土地改革法第三十条【土地完成后由人民政府发给土地所有证】之规定，确定本户人家土地所有证可耕地柒垧捌畝伍分贰厘〇毫／非可耕地壹垧〇畝陆分贰厘〇毫、房产共计房屋肆间、地基贰垧〇畝伍分三厘捌毫，均作为本户全家私有产业，有耕种、居住、典卖、转让、赠与、出租等完全自由，任何人不得侵犯，特此证明。
>
> 县长：古元祐
>
> 一九五三年五月二十五日发

此证明确标明字号、分区、所有人、法规依据、土地座落位置、土地种类、土地面积和房屋间数，钤盖东莞县人民政府印章及当时县长古元祐的签字。还有填证人、校对人的印章信息。此证上写明房产土地所有人拥有的权利，如"有耕种、居住、典卖、转让、赠与、出租等完全自由，任何人不得侵犯"等，足见当时土地和房屋的产权并不分开。此证靠右侧位置，有土地房产所有人之一游祖平的印章。此证左边有东莞县人民政府印章的骑缝章，可见此证左边被撕开的部分是备份页。

1　东莞市地方志编纂委员会编：《东莞市志》，广东人民出版社，1995年。

三　从馆藏文物看东莞新中国成立初期土地改革

1949 年 7 月，中国共产党在河北石家庄西柏坡村举行全国土地会议，颁布
了《中国土地法大纲》，同年 10 月 10 日，由中共中央公布。1950 年 6 月，中
央政府颁布了《中华人民共和国土地改革法》，决定在全国范围内的解放区开展
一场有领导、有组织、有步骤的空前规模的土地改革运动。此次土地改革运动确
定了"依靠贫农、雇农，团结中农，中立富农，有步骤有分别的消灭封建剥削制度，
发展农业生产"的新解放区土地改革总路线[1]。新中国成立前广东虽然商品经济
比较发达，但土地制度仍然是封建土地所有制。地主不仅拥有大量的土地，而且
霸占着最好的土地。广大农民饱受地主阶级的剥削，一般向地主缴纳相当于产量
50% 至 60% 的地租，有的高达 70% 甚至 90%，大大阻碍了社会生产力的发展。
广东全省粮食产量最高的 1934 年为 825 万吨，至 1949 年降至 723.5 万吨。1950
年 8 月，成立了广东省土地改革委员会，以方方为主任，李坚真、陈冷为副主任
（1952 年又增补赵紫阳为副主任）。自此，广东的土地改革就分期分批、由点到
面逐步展开[2]。建国前，东莞农村的土地是封建所有制，大部分耕地为少数地主、
富农所占有。据 1952 年县土地改革委员会的调查统计，全县耕地 156 万多亩，
其中公户 55 万多亩，占 35.5%；占总人口 8% 的地主、富农占有耕地 41 万多亩，
为全县耕地总数的 26.6%；占总人口 92% 的农民及其他阶层仅有耕地 59 万亩，
占全县总耕地的 38%，有些地方比例更为悬殊[3]。

　　1950 年 11 月底，东莞县委据珠江地委的部署和华南分局的指示，部署土地
改革工作，以连平乡（今属大岭山镇）作为工作试点。试点工作分三阶段，第一阶段：
深入群众，访贫问苦，扎根串联，发动群众斗地主、恶霸；第二阶段：划分阶级，
分清敌、我、友界线；第三阶段：没收、征收、分配土地和财产。连平乡成为东
莞全县的土改样板。[4]1951 年 2 月，在连平乡试点开展八字运动——清匪反霸，
减租减息。经过八字运动后，1952 年土地改革正式开展，全县九个区，各区均有
一支土地改革小分队，区内的乡分三批进行，由点到面，工作队到乡后，原有的

1　朱晓凤：《建国初期杞县土地改革研究：1950-1952》，河南大学硕士学位论文，2007 年。
2　黄勋拔：《广东的土地改革》，《当代中国史研究》，1995 年第 1 期。
3　东莞市地方志编纂办公室：《东莞市志·农业编（征集意见稿）》，第 1 页。
4　东莞市博物馆编：《影像中的东莞故事》，广东人民出版社，2015 年。

村干部被清理，重新组织队伍。经过没收、征收后，分配财物与土地，东莞县重新划分为 15 个区，224 个乡。1953 年 4 月中旬，全县土改复查工作全部完成。全县没收公户、地主、富农等土地 995278 亩，无偿分给无地或少地的劳动人民，实现了"耕者有其田"的愿望（见表 2）[1]。馆藏的这批土地房产所有证即为东莞土地改革运动的有力见证。

土地改革的完成彻底摧毁了我国存在两千多年的封建土地制度，广大农民翻了身，得到了土地，成为土地的主人。土地改革为农业生产和国家财政好转创造了条件，为国家工业化奠定了基础。土地改革为恢复和发展东莞经济创造了良好的群众基础和社会环境[2]。

1 东莞市地方志编纂办公室：《东莞市志·农业编（征集意见稿）》，第 6 页。
2 东莞市博物馆编：《影像中的东莞故事》，广东人民出版社，2015 年。

附表 1

东莞市博物馆藏新中国成立初期土地房产所有证及票据一览表

名　称	数量	单位	质地	时代	完残情况	尺　寸	来　源
当代东莞县区土地房产所有证收费收据	1	张	纸	1953 年	残旧	纵 19.6 横 11 重 1 克	江门征集
1950 年代钟淦培土地房产所有证	2	页	纸	1950 年	虫蛀污旧缺损	其一纵 50 横 33.5 其二纵 38.5 横 17.6 重 10 克	寮步征集
1950 年陈树平等人土地房产所有证	2	页	纸	1950 年	虫蛀污旧缺损	其一纵 53 横 32.2 其二纵 35.7 横 12.1 重 9 克	寮步征集
1953 年袁旭昌等人土地房产所有证	2	页	纸	1953 年	虫蛀污旧缺损	其一纵 52 横 33 其二纵 34.7 横 12.1 重 9 克	寮步征集
1953 年邓容桂、叶八土地房产所有证	2	页	纸	1953 年	虫蛀污旧缺损	其一纵 53 横 33.5 其二纵 35.5 横 12 重 9 克	寮步征集
1953 年卢福林等人土地房产所有证	2	页	纸	1953 年	虫蛀污旧缺损	其一纵 52 横 32.5 其二纵 35.5 横 12.3 重 9 克	寮步征集
1953 年吴炳林等人土地房产所有证	2	页	纸	1953 年	虫蛀污旧缺损	其一纵 52 横 32 其二纵 34.9 横 12 重 9 克	寮步征集
1953 年梁玉棠等人土地房产所有证	1	张	纸	1953 年	虫蛀污旧缺损	纵 51 横 34 重 10 克	寮步征集
1953 年梁炳球等人土地房产所有证	1	张	纸	1953 年	虫蛀污旧缺损	纵 52 横 33 重 7 克	寮步征集
1953 年方奕宽等人土地房产所有证	1	张	纸	1953 年	虫蛀污旧缺损	纵 51 横 33 重 8 克	寮步征集
1953 年钟佳好等人土地房产所有证	1	张	纸	1953 年	虫蛀污旧缺损	纵 52 横 33 重 8 克	寮步征集
1953 年游祖平等人土地房产所有证	1	张	纸	1953 年	虫蛀污旧缺损	纵 52 横 33 重 8 克	寮步征集
1953 年袁明工土地房产所有证	1	张	纸	1953 年	虫蛀污旧缺损	纵 52 横 33.5 重 8 克	寮步征集
1953 年梁黄彬等人土地房产所有证	1	张	纸	1953 年	虫蛀污旧缺损	纵 51 横 32.5 重 8 克	寮步征集
1953 年袁澄标等人土地房产所有证	1	张	纸	1953 年	虫蛀污旧缺损	纵 51 横 33 重 8 克	寮步征集
1950 年卢就成等人土地房产所有证	1	张	纸	1950 年	虫蛀污旧缺损	纵 52 横 33 重 8 克	寮步征集
1953 年陈汝球等人土地房产所有证	1	张	纸	1953 年	虫蛀污旧	纵 50 横 34 重 8 克	寮步征集
1953 年劳合土地房产所有证	1	张	纸	1953 年	虫蛀污旧	纵 51 横 32 重 8 克	寮步征集
1950 年王广宁等人土地房产所有证	1	张	纸	1950 年	虫蛀污旧	纵 52 横 32.5 重 8 克	寮步征集
1953 年叶日欢等人土地房产所有证	1	张	纸	1953 年	残	纵 54 横 32 重 7 克	寮步征集

附表2

东莞县土地改革前后土地占有情况一览表（数据来自《东莞市志》）

	土改前土地占有情况				土改后土地占有情况			
	户数	人口	面积	%	户数	人口	面积	%
合计	186619	803141	1569541	100	186619	803141	1607302	100
公户			552282	35.19				
地主	7774	48599	354455	22.58	7774	48599	69058	4.30
富农	2530	18303	63765	4.06	2530	18303	55048	3.42
中农	29499	157738	277904	17.77	29499	157738	418221	26.02
贫农	69623	291857	189942	12.10	69623	291857	661656	41.17
农	16041	49583	7489	0.477	16041	49583	129359	8.05
工商业	419	2824	7448	0.47	419	2824	4184	0.26
小贩	5806	22383	5997	0.38	5806	22383	19839	1.28
手工业者	893	3375	2585	0.16	893	3375	11609	0.72
贫民	12678	33130	7488	0.48	12678	33130	46875	2.92
工人	15379	57050	10004	0.64	15379	57050	46765	2.91
小土地出租	6504	23070	56294	3.50	6504	23070	37833	2.35
其他	19923	95179	33988	2.17	19923	95179	40880	2.50
机动田							52470	3.26
留用田							14197	0.88

后 记

近现代文物作为中国近代史上具有代表性、典型性的重要历史文化见证物，它和古代历史文化遗存一样是博物馆藏品中不可缺少的重要组成部分。东莞市博物馆所藏近现代文物内容涉及民国文物、华侨文物、抗日战争文物、解放战争文物以及新中国成立初期文物，它们都透视着那个时代的历史和文化，记录着那个时代的发展轨迹。

《东莞市博物馆藏近现代文物》一书分为上下编，一为图版，二为专论。其中图版部分从馆藏近现代文物中挑选具有代表性的文物 161 件，以类编排，每件文物皆著录名称、时代、尺寸，有历史信息的著录历史信息，每类文物分别写有概述作为导读，便于读者了解相关信息；专论皆为东莞市博物馆业务人员所作，对东莞近现代社会经济、政治、军事、文化等方面进行了介绍和探讨。通过编辑本书，加深了我们对近现代文物的认识以及对东莞近现代史的思考。

本书能够顺利出版，凝聚着全馆工作人员的心血和汗水。最后衷心感谢原广东省文物局局长苏桂芬在百忙之中，欣然为本书作序。同时，本书也得到了各级领导和同行的关怀、帮助与支持，在此致以诚挚的谢意。

由于编者学识水平有限，错漏之处，敬希方家批评指正。

编 者

2015 年 12 月